HOW TO MAKE LUCK

マーク・マイヤーズ
玉置 悟＝訳

運をつかむ人 16の習慣

三笠書房

▼はじめに

シンプルだが強力な実践科学！あなたの「運」を確実に向上させる法

白状しなさい。あなたがこの本を手にとってみたのは、運の強い人たちについて日頃から少なからず興味を持っていたからだということを。

あなたはこんなふうに考えたことがあるに違いない。

——どうして彼らは、あのようにうまく生きていけるのだろうか？　それほど必死に働いているようには見えないのに、どうしていつも思い通りになるのだろう？　生まれつきチャンスに恵まれているのだろうか？　単にタイミングがいいだけなのだろうか？　それとも、人の知らないところでものすごく仕事をしているのだろうか？　それとも、要するにただ運がいいだけなのか……？

そんな疑問をお持ちのあなたに、シンプルだが人生が変わるほどの秘密をお教えしよう。その秘密とは、「運が強い人たちは、そうでない人たちと行動の仕方が違っていて、知り合う人の多くがつい〝機会〟を与えずにはいられなくなってしまう」ということだ。

つまり、この「機会の多さ」こそ、彼らを強運にしている原因なのだ。だから、もしあなたも運が強くなりたければ、まず彼らと同じような行動をすることから始めればよい。

私は、昔から強運な人たちにいつも魅せられてきたが、「彼らは魔法のようにいいことばかり起こる例外的な人たちであって、普通の人間が何かに成功したければ、身を粉にして長い間働かなくてはならない」と思ったことは一度もない。

そもそも、一生懸命働くのはいいことだとしても、そのことと成功とはなんの関係もない。私が運のいい人たちを長年注意深く観察してきた結果わかったのは、もちろん彼らの中には身を粉にして働いている人もいるが、彼らの成功の本当の秘密は、「どのようにして人を自分に協力させ、機会を与えさせるかを知っている」ということだった。

ほとんどの人は、自分の力で運をコントロールすることなどできないと思っているが、それにもかかわらず、運についてはいつも気になっている。そして「こんなに一生懸命働いているのに運が巡ってこない」といらだったり、宝くじなどで一攫《かく》千金を夢見たり、「いつになったらいいことは起きるのか」とじれったく思っていたりする。

さらに人々の想像力をかきたてるのは、「たいして苦労もせずに成功した人たち」の話だ。新聞や雑誌を開けば、あるいはテレビをつければ、そんな人たちの話が次から次へと目に飛び込んでくる。だが、そういう時に「彼らに幸運が訪れたのは、単に運がよかったからだ」と思えば思うほど、幸運は自分の力で引き寄せることができるということを忘れてしまう。

私は本書の中で、幸運を引き寄せ、よくないできごとを減少させるには、具体的な方法があるということを示したい。運が強くなるには、「チャンス」をつくり出すことがうまくなり、災難を減らすことができるようになればいいのである。

現実問題として、ジャンボ宝くじで大当たりをしたり、大企業の社長や会長になるといったことは、ほとんどの人には一生かかっても起こらないわけだが、少なくとも「現在の状態より運がよくなる」ことは誰にでも起こり得る。しかも、そのために過労で倒れるまで働く必要はないのだ。

1〜5では、「成功」と「運」が切っても切れない関係にあることについて述べたい。幸運がなければ成功はないし、成功がなければ幸運は訪れない。ほとんどの人が自分の「運」を向上させることにあまり時間を費やそうとしないのは、それればかりは努力したところでどうにもならないと思っているからだが、それは考え違いもいいところだ。

ここではそういういくつかの誤解に関して、また、あなたは自分で思っているよりは運がいいこと、そして、ある種の簡単な習慣を身につけることによって、人生はずっと報いのあるものになることについても示したい。

6〜12では、運が強いように見える人たちも、特にあなたより多くのチャンスに恵まれているわけではないということを説明したい。彼らは、思い通りの人生を生きるための技術に非常にたけているのである。あなたもその技術を高めさえすれば、人生は自然によくなっていく。

さらに、「運が強い」ということは、「不運が少ない」ということでもある。13～16では、成功している人たちがどのようにして「努力を台無しにしてしまうような不運」を防いでいるかを示そう。

この本で「運を向上させる方法」をマスターしたからといって、たちまちあなたに成功が訪れるとは保証できないが、夢を実現するための手助けとなる「チャンス」や「有利な条件」を今よりももっと引き寄せることが、きっとできるようになるだろう。

そうなった時、あなたは自分も「運の強い人間」の仲間入りをしたと感じるに違いない。

3 なぜ、運の強い人、悪い人に分かれるのか

4 「人生がうまくいく人」が必ず実行していること

5 〝小さな行動〟――この〝心配り〟が大きな差を生む！

運をつかむ人は、この〝人間関係〟ができている！

6

人に〝困った顔〟を見せるな

7

人を味方にする〝磁石《カリスマ》〟を身につけろ

10 アイデアやその「結果」を独り占めするな

11 自分の人生、「カギ」となる人をつくれ

12 幸運の「本流」をつくれ

運をつかむ人は、この「状況判断」ができる！

13

いいチャンスをものにするには、この「状況判断力」が不可欠！

14 〝怒り〟のうまいコントロール法

15 敵をつくるな、人の恨みを買うな

運をつかむ人は、この〝準備〟をしている！

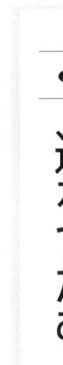

◈これが「強運」をつかむ人の生き方習慣！

世の中を見渡してみると、多くの人は、法律を破らずに望みをかなえるには二つの方法しかないと考えているようだ。

その一つは、一生懸命に働いて、いつかはその努力が報われるのを期待すること、もう一つは幸運が棚ぼた式に向こうからやってくるのを待つことである。だが残念ながら、それらの方法で夢がかなう確率はそれほど高くない。

まず、第一の方法について言えば、身を粉にして働いたからといって、それで何かに成功するという保証はない。それに、たとえそうやって何かに成功したとしても、どれほど時間がかかるかわからない。

周囲を見渡してみればわかるように、毎日十二時間も働いているのに目標が一つも実現しない人はいくらでもいる。つまり、一生懸命働くだけでは、はっきり言ってダメなのである。

いくつもの課題を同時にこなし、どのような問題が起きるか予測して対応策を考え、決定を下し、あるいは決定したことをくつがえしてまたやり直し、間違いを犯したらその間違いから学び……。

まるで曲芸のようにさんざん時間とエネルギーをやりくりして費やしても、なお、努力が報われて望み通りの結果が得られるかどうかはわからないのだ。

そればかりか、あまり頑張ってばかりいると、かえってよくない結果を招くことさえある。やっていることに熱中しすぎて、見当違いのことをしているのに気づかなかったり、疲れも見せずに頑張ったばかりに、誰もその努力に気づいてくれなかったり……。また、「あいつは少しくらい無理をしても平気だろう」などと思われてしまった経験がある人もいるに違いない。

　このように、いくら一生懸命働いても報われることがなければ、いつかはフラストレーションに陥ってしまう。実際、そうなってしまう人は多い。残念ながら、ただがむしゃらに働いても、思うほど結果は出ないのが現実なのだ。

　だが、そうなると今度は、「懸命に働いても無駄だ」と考えてしまう人がたくさん現れる。そして「どうせこの世は運なのだ。向こうから運がやってくるのを祈っていたほうがましだ」となってしまい、棚ぼたに願いをかけるようになる。つまり、これが第二の方法だ。

　ジャンボ宝くじの売場に並ぶ長蛇の列を見てほしい。これは、運さえよければ、たいした努力をしなくても一攫千金を実現できる類《たぐい》のものだ。

「一夜にして億万長者！」という言葉に想像力をかきたてられ、そんな〝大当たり〟が実際にどこかで起きた話を聞けば、もしかするとそういう奇跡が自分にも起きるのではないかと内心思ってみたりするのである。

　だが、この第二の方法の困った点は、そのような思いがけない幸運が訪れる確率は何千万分の一くらいしかないということだ。したがって、それを待っていたのでは、懸命に働いて努力が報われる可能性に遠く及ばないだろう。

こう考えてくると、絶望的な気分になってくるかもしれないが、ここに第三の方法がある。それは、「運の強い人のように振る舞い、行動する」ということだ。

何事であれ、成功している人というのは、自分に〝いいこと〟が起こる確率が増すような具体的な方策を必ず講じている。さらに、不運が起こる確率を最小限に抑えるための努力もしている。

彼らも懸命に働き、〝いいこと〟が起こるようにと願っている点ではほかの人たちと変わらないのだが、彼らが違う点は、いかにして機会を自分のほうに引き寄せ、幸運が起こるように仕向けているかというところにある。

もっと具体的に言えば、彼らは態度や行動の仕方が非常に魅力的で影響力があるので、まわりの人間は次々と彼らの望む通りになるよう手伝ってしまうのである。

幸い、彼らが身につけている技術のほとんどは、誰でもマスターできるものばかりである。彼らの「心の持ち方」と「態度や行動の習慣」を取り入れることによって、あなたも人生を豊かにし、たくさんの〝いいこと〟を起こせるようになるのだ。

ここで一つ注意してもらいたいが、私はけっして「人の心を操《あやつ》って、自分が得するように仕向けなさい」と言っているのではない。策略を用いたり、人をだましたりすることによって幸運を招くことはできないと私は信じている。

なぜなら、そういうことをすれば、利用された人はあらゆる機会をとらえて仕返しをしようとするだろうから、あなたに幸運が訪れる確率は絶対に高くならない。

あなたが幸運を得るために必要なのはそんな方法ではなく、「謙虚さ」と「人格」を的確に人々に示し、「正直さ」、「情熱」、「偽りのない誠実さ」などの「真の魅力」によって、人々が進んであなたに協力するようにしてしまうことなのだ。

1

「いいこと」が起こる確率が高くなる具体的な方法

いつか将来、幸運が訪れた時に逃さず自分のものにするためには、日頃からできる限りたくさんの経験を積んで準備しておくことだ。

ヘンリー・フォンダ（俳優）

◈「自分で直接コントロールできないこと」へのうまい対処法

あなたは毎日家を出たとたんに、いつ何が起きるか自分で選ぶことのできないランダム（無作為的）な現実世界に足を踏み入れる。

そこで起きる出来事のいくつかは、あなたとは関わりを持つことなく素通りしていくが、いくつかはあなたと衝突する。そしていくつかは、衝突はしないが手を伸ばせばつかめる距離を通過していくだろうし、いくつかは呼び寄せれば向こうからあなたのほうへやってくるかもしれない。

このように、あなたの幸運度や不運度は、世の中でランダムに生起消滅する出来事とあなたがどう関わり合うかによって決定される。つまり、あなたは道を歩くたびに何十もの選択肢と遭遇することになり、その時の選択と行動が幸運度や不運度の大部分を決定することになるのだ。
もしあなたがいつも腹を立ててばかりいる人だったら、いくらたくさんの人と知り合っても誰もあなたの友人になりたいとは思わないだろうし、あなたが目標を達成するのを助けてはくれないだろう。だが、もしあなたが善意ある友好的な人間なら、望みを達成する確率はたちどころに上昇するだろう。

私たちは、自分が言ったりしたりすることはコントロールできるが、身に起こるその他すべてのことは直接コントロールすることができない。それらは他人の考えや行動や、世の中に起こる出来事などに左右される。

そのような「自分では直接コントロールできないこと」に対応する唯一の方法は、なんとかして〝いいこと〟を呼び寄せ、〝悪いこと〟を遠ざけるために方法を講ずることである。

さらに言うなら、〝悪いこと〟が起こるようなことを何もしていなくても、それだけでは幸運度は低下してしまう。例えば、収入を増やすために何もしなければ、同じ額の収入は時間とともに価値が目減りしていく。もしパーティーに行っても何もしゃべらなければ、大事な人と知り合う可能性は限りなくゼロに近くなってしまう。もしあなたが会社員なら、昇進する意欲を見せなければ、昇給しないばかりか、あなたの将来はほかの人たちの手中に握られてしまうだろう。

だが、行動の仕方を変えさえすれば、あなたの運はいくらでも変わってくる。あなたが順調にいくかどうかは、その機会が訪れるよう、他人に影響を与えることができるかどうかにかかっている。

そして、ひとたび機会が与えられたら、それをうまく生かせるかどうかが重要になるのだ。

◆「成功の確率を高める」ための五つの自問

私は常に、人間の幸運度というのは「自分がコントロールできないと思うこと」に、どれだけ自分の影響力を及ぼすことができるかによって決定されると考えている。だからこそ、私はただ願っているのではなく行動する道を選んできた。

そして、すべてをチャンスにまかせるのではなく、望んでいることが起きる確率を高めるような手段を講じることによって、幸運が起きやすいように努力してきた。あなたも何かに成功したければ、「成功の確率を高めるにはどうしたらいいか?」と考えなくてはならない。

だが、多くの人がそのための行動をしないのはなぜなのだろう。それは「何をしたところで、自分を取り巻く状況を変えることはできない」と思ってしまうからだ。そしてその無力感から「何か運のいいことでも起きてくれないだろうか」と考えてしまう。また、たとえ望んでいることがあっても、それが今すぐ起きてくれないと我慢できないため、結局「自分にはできない」と思ってしまう。

新しいビジネスを始める時や、人前でスピーチをしなくてはならないような時には、誰でも「なんとかうまくいきますように」と願うが、当然のことながら、それだけではいい結果は訪れない。成功の可能性を向上させる唯一の方法は、ただ願うのをやめて、どのような手段を講じたらよいかを具体的に考えることだ。

望んでいるだけでなく、行動するように自分を変えていくために、まず次のようなことを自問してみてほしい。

- ✓自分は何を望んでいるのか。
- ✓なぜ、自分はそう望んでいるのか。
- ✓過去に何をしていれば、今そう望まないですんだか。
- ✓望んでいることを実現する確率を高めるために、今自分にできることは何か。
- ✓それが効果がなかった場合、ほかにできることはあるか。

◈「強運」を味方につける心理操作

自分は不運だと思っている人は、自己防衛の言い訳ばかり考えて一生を終えてしまう。そういう人が行動するのは、何かよくないことが起きた時だけだ。そして窮状《きゅうじょう》から脱出しようと必死になるが、とりあえずなんとかなると、また行動しない人に戻ってしまう。さまざまな機会がすぐ近くを通り抜けていっても、「わざわざやってみたところで……」となるわけだ。

だが、事実を言うなら、「自分は不運だ」と思っている人でも、実は思っているほど不運ではない。そのことは、最近イギリスで行われた研究にはっきりと表れている。

ロンドン近郊にあるハートフォードシャー大学の心理学教授たちが、「どちらかというと自分は運がいいと思っている人」を五十人、「どちらかというと運が悪いと思っている人」を五十人集めて、興味深い実験を行った。まず、被験者たちは、コンピュータのスクリーン上にアニメの主人公がコインを親指ではじいて空中に放る場面を見せられ、表が出るか裏が出るかを当てさせられた。

実験を繰り返した結果、どちらのグループの人も当たる確率はほぼ同じだった。つまり、「自分は運が悪いほうだと思っている人」が「運がいいほうだと思っている人」に比べて、当たる率が特に低いということはなかったのである。

ところが、さらに面白いのはそのあとだ。被験者にそれまでの人生を振り返ってもらったところ、「自分は運がいいほうだ」と答えた人は、〝いいこと〟が起きた時のことをよく覚えている傾向が強く、〝悪いこと〟が起きた時の多くを忘れていた。それに対して「自分は運が悪いほうだ」と答えた人は、思い出すのは悪いことばかりで、〝いいこと〟が起きた時の多くを忘れていた。

この研究の結論は、「自分は運がいいほうだ」と考える人は、人生に対する態度がより肯定的なため、そうでない人に比べて何事においても積極的で、そのため望んでいる結果を得やすく、「運が悪いほうだ」と思っている人は何事もあきらめるのが早いということだった。

どんな人にも、人生には〝いいこと〟も〝悪いこと〟も起きる。だが〝いいこと〟ばかり覚えている人もいれば〝悪いこと〟ばかり覚えている人もいる。

この意味するところは、「自分は運が悪い」と思っている人の多くは、実は自分で思っているほど不運ではないということだ。そして「自分は幸運なほうだ」と思えるようになれば、不思議なことに他人から見ても幸運な人のように見えてくる。そして、他人から「運のいい人だ」と思われれば、実際に幸運な機会に恵まれる確率が増えてくるのだ。

次に、質問がある。意味はあまり深く考えず、ぱっと頭に浮かんだのがあなたの答えだ。

あなたが「あの人は運がいい」と思う理由

①自分より幸運だと思う人を最低一人あげよ。

②その人があなたより幸運だと思う理由を三つあげよ。あなたよりたくさん金を持っているからか？　あなたより満足のいく仕事をしているからか？　あなたより体験した挫折の数が少ないからか？　それともどんなことか。

③その人は自分の運を向上させるためにどんなことをしていると思うか。

④あなたはその人のことを肯定的に見るか、それとも否定的に見るか。

⑤あなたがその人を肯定的に見る場合、それはその人が幸運に値する人間だと思うからか。否定的に見る場合、その人は成功に値しないと思うからか。

▽こう考えてみれば、そして、もしあなたが心を開いて物事を客観的に見つめることができるなら、あなたは自分より幸運だと思う人が、幸運度を増すためになんらかの行動をしていることがわかってくるはずだ。また、これらの質問に対するあなたの答えについて思いを巡らせば、あなたが幸運だと感じている人は、あなたより多くのもの（物質的なものばかりとは限らない）を持っていることが理解できるに違いない。

自分に起こった「運のいい出来事」を考えてみよう

①先週あなたに起きた最も幸運なことは何か。先月起きた最も幸運なことは何か。去年起きた最も幸運なことは何か。
②それは人生のどのような分野におけることか。金銭的なことか？　仕事上のことか？　出世に関することか？　健康に関することか？　異性関係のことか？　それとも危機から脱出できたというようなことか？
③あなたがしたことで、それらの幸運が起きるのに影響を与えたと思えることは何か。どんなに些細なことでもかまわない。
④それらの幸運につながることで、他人が影響を及ぼしたことはあるか。誰が何をしたのか。
⑤それらの運のいいことで、あなた自身がまったく影響を与えていないのはどんなことか。

▽これらの点についてよく考えてみれば、あなたの身に起きた〝運のいいこと〟には、自分自身の行動がかなりの影響を与えていたことがわかるだろう。また、〝運のいいこと〟は、今自分で思っていたよりたくさん起きていたことに気づくかもしれない。

自分に起こった「不運な出来事」を考えてみよう

①先週あなたに起きた最も不運なことは何か。先月起きた最も不運なことは何か。去年起きた最も不運なことは何か。

②それは人生のどのような分野におけることか。金銭的なことか？　仕事上のことか？　出世に関することか？　健康に関することか？　異性関係のことか？　それとも危機から脱出できなかったというようなことか？

③あなたはそれらのことをなぜ不運だと思うのか。それらの不運が起こるのにあなたが影響を与えたと思えることは何か。どんなに些細なことでもかまわない。

④それらの不運は、あなたがどのように行動していれば防げたか。

▽このように考えてみれば、〝運の悪いこと〟はまったく偶然降りかかってきているのではなく、時としてあなたが自ら不運を引き寄せていたことがわかるだろう。

さて、あなたはここまで読んでどう思われただろうか。自分がもっと積極的な役割を演じれば、自分の運に影響を与えることは可能ではないか、と考えられるようになっただろうか。

自分の過去を自分でどう解釈するかが、将来の幸運や不運をつくり出すもとになる。「私は幸福な人間だ」と毎日繰り返し自分に言い聞かせることこそ、自分を運のいい人間と見ることができるようになるための第一歩だ。

2

この五つの「思い込み」をきっぱり捨てろ！

何事においても、成功するには才能と運が両方必要だ。だが、運は人から与えてもらう以外、得る方法はない。

アイン・ランド（作家）

◈なぜ、これまで「運」がつかめなかったのか

古いことわざに「人は常に自分が信じていることを信じる」というのがある。その意味するところは、私たち人間はとかく先入観にとらわれやすく、何事においても新鮮な見方がなかなかできないということだ。

自分の運についても、多くの人は「そんなことは考えても無駄だ」とか「そんなことは自分ではどうにもならない」と考える。だがそういう考え方をしていると、それだけで自ら運を限定してしまうことになる。

幸運とは「とにかく働きづめに働いてつかむしかない」と信じている人は、必要以上に働いてい

る可能性がある。また、「そんなことは自分の力ではどうにもならない」と思っている人は、幸運をつくり出したり不運を避けることができるということを信じられない。

〝いいこと〟が起きる確率を向上させるためには、まず自分を幸運な人間のように感じ、それらしく行動することから始める必要がある。そのためには、まず「運など自分の力ではどうにもならない」と考えるのをやめなければならない。

あなたが考えを変えるのを手助けするために、この章では運に関するよくある誤解と真実をいくつかあげてみよう。

思い込み①……「幸運とは、固い決意のもとに一生懸命に働いてつかむ以外方法はない」

▽残念ながら、一生懸命働くことと幸運とはなんの関係もない。もちろん、どんな分野であろうが、成功するためには有能さは必要だ。だが、有能であることと働きづめに働くこととは同じではない。一生懸命働いている人がすべて世の中で成功しているわけではないし、彼らがみなそれで幸せになっているわけでもないのだ。それはなぜなのか?

それは、彼らの多くはただ一生懸命働き、そして〝いいこと〟が起きるのを待っているからだ。なぜそれがダメなのかというと、まず、**一生懸命働くだけの人は、何かの機会が訪れた時に、それをうまく見極めることができない。**

そのうえ、奇妙に聞こえるかもしれないが、いい機会と出会わないようにするために一生懸命働いている人がたくさんいる。なぜなら、**いい機会と出会って、それをものにするためには、それまでの自分を変えることが要求されるからだ。**それは、すなわち自分が現状維持から未知の状態に入ることを意味する。だから、変化に恐れをなし機会に尻込みしてしまうのだ。

もしあなたが一生懸命働いてばかりいる人だったら、いちばん大切なことは、「なぜ自分はそうしているのか?」と自問してみることだ。もしその答えが、「経験したことのない世界に接し、自分を高めるため」だったなら、あなたは素晴らしい。

そういう意識で仕事をしているのなら、あなたはたくさんの機会や可能性に触れ、いつか幸運も訪れることだろう。だが、もしそうでないのなら、あなたは未知の世界と出会うのを避けるために一生懸命働いているのかもしれない。

よりよい機会がもっと自分に訪れるようにするには、そうなりやすい状況をつくり出すよういつも心がけていなければならない。最近亡くなったソニー・ボノは、可能な限り「変化」と「機会」に触れる努力をした人の好例だ。

六〇年代に、当時は無名だったシェール(訳注…歌手であり女優。『月の輝く夜に』でアカデミー主演賞受賞)とデュエットを組み、歌手として成功した時、彼の歌がうまいと言った人も、パフォーマンスがかっこいいと言った人もいなかった。その後、レストランのオーナーになった時も、最高に優秀な経営者ということもなかった。

では、パームスプリングス（訳注…ロサンゼルスの東およそ一八〇キロに位置する砂漠のリゾート地）の市長としては、歴史に残るような市長だっただろうか？　下院議員としては、最高に有能な政治家だったろうか？

多分そうではなかっただろう。だが、彼と会ったことのあるほとんどの人はみな彼を称賛し、批判した人はいない。彼の死後、共和党の指導者は彼のことを、「とにかく働き者だったが、それを隠すのがうまい男だった」と述べた。

ソニーの特技は、まわりにいる人たちを常に居心地よく感じさせることだった。政治家になってもけっして威張らず、だがへりくだることもなく、何事もあまり深刻ぶらずに気楽に構え、ずけずけものを言っても人の気分を害することのない独特のしゃべり方で人気者であり続けた。

死後、ニューヨーク・タイムズは「彼の一生は、ラッキーな偶然の連続だった」と書いた。シェールとの出会い、それからホストをつとめたテレビのショー番組の成功、パームスプリングスの市長に当選したこと、そして下院議員に当選したこと……。

本人自身も生前、「たまたまこうなったんだよ」と言っていた。だが事実を言うなら、彼の人生に〝棚ぼた〟のようなことばかりが起こり続けたわけではない。彼は自分を〝ラッキーな人間〟に見せることがずば抜けてうまかった。そしてラッキーに見える人間には実際に多くの機会が訪れる。彼は訪れた機会を逃すことなくつかんだのだ。

思い込み②……「運や不運は自分の力ではどうしようもない。人生はなるようにしかならない」

▼人生をなるがままにまかせていれば、あなたは間違いなく〝いいこと〟も〝悪いこと〟もたくさん経験するだろう。だが、それでは〝いいこと〟はあなたが望むほど頻繁に起きてくれないかもしれないし、起きるまでに長い間待たなくてはならないかもしれない。しかも〝悪いこと〟がたくさん起きる可能性もある。

だが、**ポジティブなことがもっと起きるよう積極的に行動することによって、遭遇する出来事の偶然性を弱め、幸運と不運の起きる比率を変えることはできる。**

女子プロ・ポーカーで世界チャンピオンに二回輝いたバーバラ・エンライトは、ポーカーの試合でもそれは可能だと言っている。カードが配られる時には、何がくるかはまったくの偶然性が支配し、自分でそれをコントロールすることはできない。

だが、それについてはどのプレーヤーも条件は同じなのにもかかわらず、勝負では強い人と弱い人に分かれる。それは、個々のプレーヤーの考え方や判断が、ゲームの勝敗に決定的な影響を与えるからである。もちろん、その時にも運は一定の役割を演じるが、ひとたびカードが配られてしまえばゲームは心理戦となり、また、誰にどの札がいったかという記憶がものを言うのだ。

彼女はプロのプレーヤーとして、試合では自己コントロールに徹しているという。負けても「それは一時的なこと」と考えるようにして、腹を立てたり、いい加減なゲームになってしまうことのないように努めているそうだ。

「負けた時に敗北者のように感じていると、その後も敗北者のような行動をしてしまい、次の試合でも敗北者のようなプレーをしてしまうものです。自分をどう見るかということは、その人の性格に関係してくることでしょうね」と彼女は言う。

また、彼女はあまり物事にイライラしないたちだという。試合ではいろいろな人たちと対戦するので、中にはゲームのエチケットを守らない嫌な連中もたくさんいる。そういう時に腹を立ててゲームに影響を及ぼすことがないよう、相手の不愉快な行動は自分の意識の中から追い出してしまう。時にはゲーム中にウォークマンで音楽を聞いていることもあるそうだ。そして、苦戦している時には、ほかのプレーヤーの賭けぶりや、体の動作に表れる心の状態を観察しながら、好機が来るのを待つという。

「自分と同等あるいはそれ以上に強い人たちとプレーする時には、勝敗を決めるのは心理状態です。ほかのプレーヤーの弱点を見極め、自分にとっての好機を見分けることができれば、そういう相手でもリードできます」と彼女は言う。

ポーカーと同じで、人生にも集中力が必要だ。成功する人は、「自分には望んでいる結果を得る資格があり、いつかは望みが実現する」と確信している。そして、目標をより早く実現するための方法に意識を集中させている。

だが、ほとんどの人たちは、「本当に望みが達成できるのだろうか」とあれこれ思い悩むことばかりに意識を集中させ、時間を浪費しているのだ。

思い込み③……「権限やコネのある人に会えるかどうかが、運を左右する」

▼そういう人と知り合えば、もちろん可能性は増すには違いないが、それだけでは話はまだ半分だ。**自分にとって本当に正しい相手に、正しい印象を与えることができなければ、いくら権限やコネのある人と出会っても時間の無駄である。**私自身が目撃したいい例を紹介しよう。

子供の友人の誕生パーティーに行った時のことだ。招待された全員がそろい、子供たちが遊び始めた頃、親の何人かはリビングルームに集まっておしゃべりをしていた。みな仕事を持っているので普段それほど親しくつき合っているわけではなく、お互いのことはあまりよく知らなかった。

ある母親が「みなさんは、どんな仕事をなさっているのですか」と尋ねた。それぞれが答え、その女性も「コピーライターをしているが、先日仕事を失ったばかりで、今新しい勤め先を探しているところだ」と話した。そして、小さな会社のほうが自分のやりたいことができると思って入ったのだが、結局、人員整理の対象になってしまった、と言って笑った。

居合わせていた人の中に、全米大手五百社に入るマスコミ関係の大会社で広告担当の部長をしているという女性と、それよりずっと小さなダイレクトメールの会社に勤めているという女性がいた。

後者は「私はあなたの力にはなれそうもない」とはっきり言ったのにもかかわらず、くだんの女性はその人にばかり話しかけていた。その結果、大会社の部長女史のほうはほとんど無視された形となった。

その女性が帰ったあとで、私は部長女史に顔を近づけてささやいた。

「あなたのところでは、パートタイムのコピーライターを探していたんじゃありませんか?」

すると、彼女は私にささやき返した。

「ええ。でも彼女、私にそのことを聞こうとしなかったでしょう? それくらいの機転がきかない人に、私がしてほしいと思うような仕事ができるとは思えないわ」

無関係の私ですらすぐ気づいた絶好の機会をその女性が逃したことに驚き、私はパーティーを主催した人に彼女のことを尋ねてみた。するとその人はこう答えた。

「もう何年も前のことなんだけど、あの人は大きな会社に勤めてひどい思いをしたことがあるのよ。でも、そこの仕事は、彼女が辞めさせられたあの小さな会社の仕事よりずっとよかったんだけど……」

明らかにその女性は、大手広告会社にいた時にひどい体験をして傷つき、それ以来「大会社はもうこりごり」と思い込んでいたのに違いなかった。そのために小さな会社に入って人員整理の対象になったにもかかわらず、しかも大会社はすべてひどいところばかりだとは限らないのに、一度そういう体験をしたことにこだわって絶好のチャンスを逃してしまったのだ。〝権限やコネのある人〟に出会ったにもかかわらず、過去の経験からくる失敗の恐怖と、そのための判断の誤りが、幸運を逃す結果につながった例である。

思い込み④……「幸運は自分を強く売り込むことによって訪れる」

▼あまり自分を売り込みすぎると、かえって相手に不快感を与えてしまい、「嫌なやつ」という烙《らく》印《いん》を押されてしまう。そうなったら幸運など訪れようがない。あなたがしらけさせた人の数が増えれば増えるほど、あなたのために何かしてあげようという人の数は減っていき、機会が与えられる可能性も少なくなっていく。

自分を売り込むことは必要だが、適切な売り込みと過剰な売り込み、あるいは「大口をたたく」のには大きな違いがある。適切で巧みな売り込みは相手に興味を持たせてその気にさせるが、押しつけがましい売り込みは相手をしらけさせるだけだ。

それでもまれにうまくいくこともあるかもしれないが、もしうまくいったとしても、本当に相手に喜ばれているわけではなく、敵をつくってしまうこともある。

適切でうまい売り込みと押しつけがましい売り込みは、どこがどう違うのだろうか？ **うまい売り込みとは、「売り込みたいことの内容は伝えるが、そのあとの判断は相手にまかせる」**ものだ。だが、後者は、相手に考える余地を与えないように説き伏せようとする。

例えば、有能な広告マンは、編集者やテレビ局プロデューサーの好奇心を引くためにどうしたらいいかをよく心得ている。けっして強引な売り込みはせず、ソフトに話を持ちかけ、相手が自分の意思で「面白そうだ」と思うに足るだけの、最低限の情報を広げて見せる。つまり、番組や記事のネタになりそうな〝いけそうな情報〟というエサをまいて、相手を誘惑するわけだ。

自分を売り込む場合にも、これとまったく同じことが言える。波に乗っている好調な人間であることを示すためには、やりすぎることなくポジティブな印象を与えなければならない。また、働きかける相手によって、それぞれ違った方法をとることも必要だ。

知り合いに、ロサンゼルスで映画関係の広告マンをしている男がいる。彼は小さな広告会社を経営しているのだが、押しつけがましくない売り込みでビジネスを成功させている。

彼の手法は「ソフトで根気のある持続性」だ。電話をかけて相手が不在だったり、居留守を使われた場合でも、根気よく毎日一回だけ電話をかけてソフトなメッセージを残す。私も彼のメッセージを受け取ったことが何度かあるが、たとえ私が数日間コールバックするのを忘れていても、留守電に毎日残っている彼の声は、けっしていらだったり感情的になったりすることがない。いつも同じ調子で、忍耐強く私との会話を求めている雰囲気が伝わってくる。

その結果、ほとんどの人はコールバックせざるを得なくなる。ある時、私はそのことについて質問してみた。すると彼はこう答えた。

「大切なのは、相手をいらだたさせずにこちらに注意を向けさせることです。私がビジネスで求めているのは、相手との末長いつき合いなんですから、押しつけがましくなってすべてがパーになったら元も子もないですよ。

ティファニーで贈答品を買うと、きれいな箱に入ってくるでしょう。あの、目にはつくがけばけばしくない、スッキリしたデザインのやつです。売り込みというのも、あのティファニーの箱と同じなんですよ。プレゼントをする時に、品物をそのまま裸で渡す人はいませんよね。素敵な箱や包装紙で包むことによって、中に何か素敵なものが入っていること、それから友好関係を持ちたいと思っている気持ちを相手に伝えるわけです。ですから、売り込みには、まず自己コントロールの効いた落ち着いた態度で、控え目だけど頭は切れる人間だということを相手に示すことですね」

思い込み⑤……「幸運とはタイミングよく何かが起きることで、それは偶然の結果だ」

もちろん偶然性は運・不運を決める大きな要素だが、**自分の身を正しい時に正しい場所に置くことができるかどうかは、多くの場合自分でコントロールできる。**だから、タイミングは一〇〇パーセント偶然の産物だとは言い切れない。

もしあなたが、**今より〝いいこと〟が起きてほしいなら、たくさんの機会が行き交う交通量の多い十字路に身を置くようにする**といい。

映画・音楽業界でマーケティングの仕事を二十年している友人がいる。彼女は、今ではコンサート関係の会社の副社長をしているが、その親会社は、映画・音楽業界では世界で最も大きな企業の一つだ。彼女は有名なロックスターから取り巻き連中にいたるまで、これまでに多くの運のいい人たちを目撃してきた。その彼女が最も運の強い人間だと思うのは、ある映画会社の社長をしている人物だ。

彼女によれば、その男は非常に才気にあふれ、チャンスがころがっているところには必ずいるのだという。彼は若い頃、大物プロデューサーで映画会社の社長をしている人の弟子になった。そのこと自体、ハリウッドの映画業界ではほとんどの人が手にすることのできない幸運である。みなは「なんとラッキーなやつだ」と思ったそうだが、彼女によれば、彼はただ運がよくて偶然そうなったのではないというのだ。

彼は、映画の世界に憧れてやってくる若い連中のほとんどは、忍耐力がないことを知っていた。彼らは、ライバルを蹴落として出世してやろうということにばかり夢中で、自分がいかに優れているかを誇示して競い合い、先人の知恵を学ぼうとしない。競い合いにはもちろんメリットもあるが、思慮深さや分別ある行動に重きを置く年輩の実力者は気分を害することもある。

もちろん、「競争相手をやっつけるか、それとも自分を好きにならせて味方につけるか」は、大昔からある難しい選択だ。「敵をやっつけて尊敬を集めるか、それとも愛情深さを示して人から好かれるか」と言い換えてもいい。そういう意味で、彼はまず人から愛されることが第一で、尊敬されるのはそのあとでいいと考えた。

「もし彼が手柄をたてることばかり考えて、功を急ぎすぎていたら、その大物プロデューサーがすべてのテクニックを伝授してくれることはなかっただろう」と彼女は言う。

ハリウッドで〝タイミングがいい〟というのは、自分のまわりで何が起きているかをよく観察し、機会が近づいてきたらそれを素早く感じとり、その機会が通る軌道上に一歩踏み出し、その機会のほうから自分にぶつかってくるように待ち受けることを言うのだ。そういう意味でなら、彼は非常に〝タイミングのいい〟男だったわけだ。

彼は賢くも、このベテランの大物から学ぶことによってたくさんのことを習得すると同時に、相手にも「若者に教える」という満足感を与えた。彼は相手に対して尊敬の念を表し、話をよく聞き、そして正しいタイミングで、嘘ではなく真心から微笑みかけたのだ。彼は本能的に「どのボスがどう感じているか」を常に理解することができたのだという。

私にこの話をしてくれた彼女本人は、最近になるまでこのことがわからなかったらしい。それが理解できるようになったきっかけは、あるとき上役が「私は、私を好きでいてくれる人が好きだ」と言ったことだ。

彼女はそれを聞いて、「なんとシンプルで基本的なことなんだろう」と思った。にもかかわらず、私たちは仕事をしていると、ついそのことを忘れてしまう。それは〝エゴ〟というものが邪魔をするからだ。彼女はこう言い切った。

「ほとんどの人は、『もし才能と粘り強ささえあれば、自分はやれるんだ』と思っているけど、必ずしもそうとは言い切れませんよ。私の上司は、いくらオ能があっても彼女を支持しない人間は昇進させませんからね」

3 なぜ、運の強い人、悪い人に分かれるのか

幸運とは、いい機会を見分ける感覚とそれを活用する能力のことだ。
サミュエル・ゴールドウィン(MGM映画創始者)

◈〝小さな奇跡〟が次々と起きる人の実例集

〝運のいい人〟とは、小さな奇跡が頻繁に起きる人のことを言う。彼らがなぜ運がいいと言われるかというと、そういう〝いいこと〟が起きるように特に努力しているようには見えないばかりでなく、幸運なことが起きると普通の人と同じように驚いているからだ。

そのうえ、やりたいことを気のおもむくままにやっているように見えるし、その結果がどうなるかについてなどあまり恐れていないように見える。そこでまわりの人たちは、そんな人を畏敬の念を持って眺めることになるのだ。

私たちはたいてい、強運な人を一人や二人は知っている。彼らはいつも、次々といい機会に恵ま

れ、悪いことが起きてもつまずくことなどないように見える。私たちはそういう人が好きだが、同時に嫌いでもある。だが、嫉妬しているよりは彼らの行動を研究して学んだほうが、ずっと自分のためになるのは明らかだ。この項では、私がこれまでに知り合った強運な人の実例をいくつか紹介しよう。

◈この〝純粋な楽天主義〟がまわりを巻き込む不思議な力

まず最初に紹介するのは、今では有名なスポーツ評論家になった古い友人だ。私は七〇年代の中頃にボストンにある大学に入学したが、その男とは一年生の時に学生寮で部屋が隣同士だった。そして毎日顔を合わせているうちにごく自然に友達になったのだが、しだいに私は、彼にはいつもいいことばかり起き、悪いことがあまり起きないことに気がついた。

彼はけっして秀才タイプの学生ではなかったが、非常に賢かった。学生時代の頃というのは、とかく世の中のことはなんでも知っているような顔をして粋《いき》がりたがるものだが、彼は無邪気そのものので、なんにでも興味を示した。人なつっこいうえ我を張らず、ほかの連中から何を言われても、いつも言われるままにしていたが、そのためにかえってみな、彼には親切だった。

その様子は驚くほどだった。デートの相手にはいつも事欠かず、パーティーの招待はひっきりなし、ロックコンサートのチケットはいつも持っているし、ステージ裏の通行証まで手にしている。

中古車を探せば新品同様のものを見つけてくる。そんな調子だから、人気者の学生ですら彼とは知り合いになりたがった。だが彼がそうしたことを自慢したことは一度もなく、それどころかみんなに恩恵を分け与えようとさえした。

それに、私は彼がトラブルに巻き込まれたところを一度も見たことがなかった。例えば、私が寮で一緒だった一年生の間、彼は寮の規則をほとんどすべてといっていいくらい破っていた。

ステレオは大音量でかけていたし、部屋では公然と仲間と酒を飲み交わしたり、寮の門限は守らなかったりといった調子で、ほとんど好き放題にやっていたのだ。それなのに、ほかの連中がもっとずっと小さな違反で処分を食らっていたにもかかわらず、彼は問題にされたことがなかった。

私はしだいに、なぜ彼だけがトラブルに巻き込まれることがなく、いいことばかり起きるのかと、注意深く観察するようになった。そして、「運が強い」とか、「望み通りになる」とはいったいどういうことなのかがわかるようになっていった。

彼はデビッド・ボーイに似たハンサムな男ではあったが、彼の秘密はそういうところにではなく、物事の流れに乗る能力にあった。彼はけっして会話を独占したり、知ったかぶりをしたことがなかったし、何をするにしても悪戦苦闘して苦労の末成し遂げているようには見えなかった。彼のすごいところは、自分の望むことを人から引き出し、それでいて相手の気分をよくすることができたことだ。

私は、彼が偉そうにしたり、腹を立てたり、ネガティブなことを言っているのを見たことがない。

望んだ通りにならない時にはさっさと別のことを始めていたし、彼に力を貸せない友人には自分のほうから助けてさえいた。

だが、無邪気を装ってはいたが、彼はまわりの連中が思うよりずっと賢く、よく考えていた。ある時、彼は将来野球の実況アナウンサーになりたいと言ったことがある。みな笑って彼の肩をたたき、「いいねえ。頑張んなよ」と言ったものだ。

ところが、これもまた彼が普通の人間と違うところだ。何かとんでもないことを言い出しても、誰もそれをけなしたりバカにしたりするということがなかった。彼の夢はあまりにも大きくて、まわりの者は「そんなことはできるわけがない」と思っても、けなす気にはならなくなってしまうのだ。

その年の夏休み、ほかの学生たちはみな、昼間はアルバイトをしたりプールで泳いだりして、夜はディスコに踊りにいくといった生活をしていた。だが彼は、毎日おんぼろのカセットレコーダーを持ってボストン中心部にある公園に出かけ、野球グラウンドの外野席に座って市民の草野球の様子を眺めながら、実況中継よろしく自分の声をカセットに録音していた。

何時間もそうやって練習すると、寮に戻ってテープを巻き戻しては、自分のしゃべり方や発音の欠点を夜遅くまで研究していた。寮の友人たちはそんな彼をからかい、また、彼も一緒になって笑っていた。興味深いのは、彼は自分が何をしようとしているのかについて、詳しいことを一言も言わなかったことだ。それに、心の中には「こんなことをやっていて勝算はあるのだろうか」というような不安も当然わいていたのに違いないのだが、そんなことはおくびにも出さなかった。

八月も終わり近くなったある日曜日のこと、寮の自分の部屋で休んでいると、ルームメイトが新聞を手にして飛び込んできた。それは一流紙の「ボストングローブ」で、そのスポーツ欄には、なんとカセットレコーダーを持って微笑んでいる彼の写真が載っているではないか。あの奇妙な行動が新聞記者の目にとまったというわけだ。

数日後、その記事を見たというロードアイランド州（訳注…ボストンのすぐ南にあるアメリカで最も小さい州）にあるラジオ局のプロデューサーから、彼に電話がかかってきた。そして翌年の春に彼はその局に雇われ、時々ボストンの草野球の実況中継をやるようになったのである。

まあ、ざっとこんな具合だ。現在、彼はロサンゼルスでテレビのスポーツキャスターとして成功し、また、新聞や雑誌のスポーツライターとしても多忙な日々を送っている。

それでは次に、私がこの友人を見て学んだことをまとめてみよう。これらの教訓は誰にでもできることだ。

◎賢く考え、〝知らないふり〟を装う

もちろん、私は「そうやって人をだましなさい」と言っているのではない。何か目標があるなら、どうすればそれを達成できるか知っているような顔をするべきではない、ということだ。無邪気に求めれば、世の中には助けてくれる人がたくさんいる。

◎していることが完全にできなくてもかまわない。「完全にできるようになってから人に見せよう」と考えるのは時間の無駄

チャンスを与えられるには、やりたいことが世界一うまくできる必要はない。「なかなかいい線いっている」と思われる程度にできればよいのだ。だがその時、あなたは〝助けるに値する人間〟であることを相手にわからせなくてはならない。私の友人は、発音もしゃべりもプロのアナウンサーほどうまくはなかったが、そこそこの腕前にはなっていた。そして、数年後には雑誌に記事を書く仕事が舞い込み、テレビのスポーツキャスターもやるようになったのは、純粋な楽天主義と情熱を持ち続けることができた結果である。次のステップに進むことに常に意識を集中させて努力を続けていれば、時間とともに技術はしだいについてくるものだ。

◎「いつかチャンスは与えられる」と心の底から信じて疑わない

まずそう信じ込まないことには、幸運は訪れない。そう確信していると、それが行動にも表れ、あなたがどれほどそれを望んでいるかが周囲にも伝わる。あなたが何を望んでいるのかがわからなければ、人は助けようがない。

◎人を恨むのは貴重なエネルギーの浪費

彼はまわりの連中からさんざんけなされたし、挫折も味わったが、人を恨んだことはなかった。

彼はよく、「人を恨むのはエネルギーの無駄だ」と言っていた。やり返してやろうとする時間があったら、自分のためになることに使ったほうがいい。それに、人からされたことを問題にしないでいてやれば、相手も驚くだろう。そして罪悪感から、次の機会には協力してくるかもしれない。人を恨んでも〝いいこと〟は何も起きない。

◎「借りをつくった」と感じさせずに人を助ける

彼は気前がよかったがバカではなかった。人に物をあげても、恩着せがましい印象を与えることはけっしてなかったのだ。もしほかの誰かが同じことをしたら「見返りに何かを望んでいるのではないか」と思われるようなことでも、彼がすると自然で、誰も借りをつくったように感じなかった。

ケチな人間は、〝運が強い〟印象を与えない。すべて順調にいっているように見える人間は、大事なものを手放してもすぐまた別のものを手に入れることができるような不思議な魅力を感じさせる。

大事なものは手放したくないと思うのが人情だが、例の友人はそれをあえて手放すことで、大きな自信のようなものを感じさせた。さらに、もらった人はそれが気に入れば「これはあいつにもらったんだ」と友人に話す。こうして彼の名は学内でみなに知られるようになった。

彼において成り立ったことは、ほかのほとんどの人においても成り立つはずだ。運が強い人は、意識的に人にアピールする行動をとっている。そしてその結果、大勢の人たちから親切にされ、励ましや称賛や協力を得ることができる。逆に言えば、そうなった時、あなたは運の強い人だと思われるということだ。

◈「人から絶好のチャンスをもらえる人」の最大の秘密

成功した人にその秘密を聞けば、それは「一心不乱に働くことだ」とか、「自分はただ運がよかったのだ」とか答えるだろう。だが、もう少し詳しく尋ねて具体的に答えてもらえば、彼らは運が向いてくるためにさまざまなことをしていたことがわかるに違いない。彼らは友人や、同僚や、見知らぬ人や、時には自分に対抗する人からさえ、機会を与えられているのだ。

このことこそ、実は非常に重要な点なのである。多くの人が必要以上にがむしゃらに働いたり、あるいは何もせずにただ待っているだけなのに対して、いわゆる強運な人というのは、他人から機会を与えてもらっている。

あなたも、もし知り合いにいつも人生が順調にいっているような人がいたら、よく観察してみるといい。きっと、彼らには共通する特徴があることに気づくだろう。彼らはみな、あたかも何もないところから〝いいこと〟が飛び出してきて、彼らにくっついて離れないかのような、独特な雰囲気がある。このことこそ、すべての〝運の強い〟人に共通している最大の秘密なのである。

彼らはみな、「人から強運だと思われれば思われるほど、さらに多くの人が自分に協力するようら見るとそのような人に思えるだけなのである。るわけでもなければ、選ばれた人たちでもない。行動の仕方が独特で、そのために、周囲の人間かになる」ということを知っているのだ。彼らは、特にほかの人間よりも幸運の女神に祝福されてい

◈これだけ緻密に〝計算〟すれば成功の確率も一〇〇パーセントになる!

強運な人たちには共通する二つのことがある。それは、

①自分のやっていることがうまくいく確率を高める方法を絶え間なく考えている。

②望み通りの結果が出た時、ほかの人たちと同じようにその幸運に驚いていることだ。

つまり、彼らを強運に見せているのは、内面の「確信」と表面の「謙虚さ」の巧みな結びつきにある。〝いいこと〟が起こるように細かいところまで計算して行動し、それでいて思惑通り〝いいこと〟が腕の中に飛び込んでくると、まるで思いがけないことが起きたかのように驚いているのだ。

私の出版エージェントをしている女性は、数年前、『運命の車輪』というテレビの視聴者参加番組に出演して三万四千ドルを仕留めたことがある。それは、円周部に数字が並んでいる大車輪を手で回し、自分が指定した数字のところで止まったら賭け金を勝ちとるという、カジノによくあるゲームをテレビ向けに変えたもので、ゲーム自体は運が一〇〇パーセント勝敗を決めるものである。

では、彼女が大金を仕留めたのは、すべて運のなせるわざだったのだろうか?　「もちろんそう

だ」と真っ先に言うのは、おそらく彼女本人だろう。それに、ほかの出演者がしくじったのも幸運だった。だが、可能性をより高めるために、彼女が見えないところでしていた努力を私は知っている。

この番組は人気があって、参加希望者が多いのだが、一回に五人しか出場できない。だから、まずその狭き門を通過して出場資格を勝ちとらなければ、そもそもゲームに参加できないのだ。参加できない限り、勝つ可能性はゼロである。そこで彼女がとった方法は極めて賢かった。

そもそも、彼女が番組に応募したのは、まったくの気まぐれからだった。冗談半分にハガキを出したのだ。だが、テレビ局からオーディションの通知が来てからというもの、彼女は運を天にまかせてただ待っているようなことはしなかった。

視聴者参加番組といえども、プロデューサーは絵になる人を選ぶ。彼女はオーディションの日が来るまでの数週間、番組をビデオに撮り何度も見て、出演者、つまりオーディションに勝ち残ったのはどういうタイプの人たちか、司会者の質問にはどう受け答えしているか、体の動作の特徴はどうか、などを徹底的に研究した。

まず彼女は、女性の出演者で白や黒の服を着ている者は一人もおらず、ブルーやグリーンの服を着ている人が多いこと、宝石類はほとんど身につけていないこと、襟《えり》の高い服を着ている人が多いことなどに気がついた。そして彼女らが拍手をしたり大声を上げる時の仕草、大車輪を回す時の動作、矢が「破産」のところで止まった時にどんな表情を見せるかなどを細かく観察し、ノートに書き留めた。

オーディション当日、やってきた人は二百人もいた。彼女は無事何段階かの選考を勝ち進み、最後に実際の番組と同じ段取りでリハーサルを行って参加者のパフォーマンスをチェックするところまでたどり着いた。

彼女はビデオを見て研究した通り、番組のプロデューサーが好むようなやり方で拍手し、大声を上げ、体の動作や表情をしてみせた。その作戦は見事に成功し、ついに最後に残った陽気な五人の中に入ることができたのだ。こうして彼女は、オーディションを勝ち抜く確率を高めることに成功したのである。

◈〝勝ち運〟に乗る人の集中力強化法！

数年前、全米プロ・ポーカー選手権で優勝し、賞金五十万ドルを勝ちとったケン・フレイトンは、ネガティブな考えや自慢話をしたくなる衝動を意志の力で抑えることによって勝利の確率を高めている。

彼は私の質問に対して、「自分の力ですべてをコントロールできない状況のもとで人より優位に立つには、チャンスがやってきた時にいかにして逃さず利用できるかにかかっている」と言っている。以下に、彼の言葉を引用してみよう。

「勝つためには、意識を集中できなくてはならない。意識を集中するためには、頭の中がすっきりしていることが重要だ。頭の中をすっきりさせるには、私は二つの方法を実践している。第一は、無理やりにでもネガティブな考えを頭の中から追い払うこと。それから、ネガティブな人を避けることだ。ネガティブな人間でいながら同時にポーカーの名人であることはできないからだ。そのために、プレーしている時にはいつも妻と息子のことを考えるようにしている。そうすると、心の中に怒りや不安がわき起こるのをブロックできるんだ。

第二は、私はほかのプレーヤーに『この男はついている』と思われたいから、ホラを吹かない。なぜなら、もし大口をたたけば、ほかの全員が躍起になって私をやっつけようとするだろう。そうなったら、負ける可能性が高くなる。それよりは『今あいつが勝ったのは、ラッキーだったからだ』と思われていたほうが勝負はやりやすい。

『ネガティブな心』と『自慢話』は必ず失敗に結びつく。なぜなら、ネガティブな心は言葉に表れ、例えば、ひとたび自分や他人をけなす癖がつくとなかなかやめられなくなる。すると、すべてのものが自分に敵対しているように思ったり、自分の問題を人のせいにするようになってしまう。

また、大口をたたくということは、自分を本当の実力以上に見せようとすることだから、そのうちに自分で自分の嘘を信じるようになってしまう。その結果、負うべきではないリスクを負ってしまったりして、負ける確率が高くなる。あなたも仕事でツイている時には、人は波に乗っているあなたに協力してくれるか、または嫉妬心のために自ら失敗してくれる。冷静さを保っていれば、必ずそうでない人より優位に立てるんだよ」

◈「いいこと」が起こり続ける〝バンドワゴン〟の原理

運が強いと人から思われている人には、実際に〝いいこと〟が起こり続ける。たとえ凡人に起きるような〝よくないこと〟がたまに起きることがあっても、この傾向は基本的には変わらない。それはなぜか？　そのわけは、「幸運は運の強い人を好む」からだ。

この事実は、運を向上させようとする人にとって重要なカギとなる現象である。運が強く見えれば見えるほど、さらに多くの人が協力し、あなたを守ってくれるようになる。するとあなたはますます運が強くなる、というよい循環が生まれる。

そうなるためには、〝いいこと〟が日常的に起きるレベルにまで到達していなくてはならないが、ひとたびあなたが〝いいこと〟を引き寄せる人だと思われるようになれば、実際に〝いいこと〟が向こうのほうからやってくるようになるのである。

家電製品など家庭用品の評論家として有名なコラムニストのアンディ・パーは、これを「バンドワゴン（訳注…フェスティバルなどのパレードで、先頭にたって行進する、バンドの乗った山車《だし》のこと。これがやってくると、道ばたで見物していた人たちは次々と飛び乗ってくる）の原理」と呼んでいる。彼は今四十四歳だが、数年前にテネシーのローカルテレビ局の番組にゲストとして出演したのがきっかけで、あっという間に全国的に有名になってしまった。その成功の秘密は、「いとも簡単にやっているように見えるよう一生懸命に努力すること」と、「人をよくたてること」だという。

彼は今やスタッフをかかえ、一流新聞や雑誌のコラムに評論を書き、テレビにもよく登場する。だが彼は、「とりたてて頭のいい男ではない」と自分で言っている。彼が私に語った話を要約してみよう。

「アメリカには私のような評論家はたくさんいる。もし私にほかの評論家と違うところがあるなら、それは、私もスタッフも一生懸命仕事をしているが、それをいともたやすくやっているように見せている点だと思う。すると、取引先には私が悠々とやっているように見えるだけでなく、彼らも実際に楽なんだ。

それで、新聞、雑誌、テレビなどの担当者は、企画が持ち上がると真っ先に私に連絡してくる。それに、ライバル会社が、すでに私と仕事をしているのを知ると、先を争って私と仕事をしようとする。ほかの局や出版社がみな使っている人間は、自分のところでも欲しいわけだ。だから売れっ子になればなるほど、ますます引っ張りだこになる。

ちょうど、パレードのバンドワゴンにある程度人が乗っていると、それまで見ていた見物人がわれ先によじ登ってくるのと同じだ。バスが大勢の客を乗せて発車しようとすれば、みんな『乗り遅れては大変』とばかりに、飛び乗ってくる。そうなれば、あとは、どんどんやってくる機会を上手にさばき、うまくマネージメントするだけだ」

　彼が常に気をつけているのは、感情的になって人の恨みを買うことが絶対にないようにすることだという。引用を続けてみよう。

「仕事の相手をやりこめたり、競争相手をやっつけることによって頭角を現そうとするのは、大きな間違いだ。それでは運が逃げてしまう。黙っていい仕事をし、その事実によって人に知られることのほうが、利益は計り知れなく大きい。あなたが楽しい人間で、いつも仕事がうまくいっている人だとわかれば、みなあなたと知り合いになりたがる。私もスタッフも、寝る時間もないほど仕事をしているが、外部の人は私が苦もなく人生を泳いでいると思っている。それはきっと、私がいつもリラックスしているように見えるからだろう。懸命に働いて、しかも楽々とやっているように見せるのがコツだと思う」

　私も彼の意見に賛成だ。もし、いい仕事をして、もともと天賦《てんぷ》の才があるような印象を与えることができれば、たまに失敗することがあっても、結局あなたの運はよくなってくる。私の知る限り、彼はいつも快活で人の役に立ち、プロフェッショナルで、リラックスしている。誰でもわかるように、そういう印象を人に与えるには努力が必要だ。倒れても起き上がり、落胆することがあっても、いつまでもくよくよしているわけにはいかない。

　それに、一緒にいて気持ちがいい人だと思われなくてはいけない。彼がたくさんの機会を得ることができたのは、人の役に立つためにいつも真っ先に行動しているからだ。彼から電話があれば、その声を聞いただけで献身的でポジティブな態度が感じられる。

人の人生を楽にしてあげることができれば、あなたはその人にとって守護神のような存在になる。そして「いい仕事をするし、トラブルを起こさない」と評判になれば、人々はあなたを味方につけておこうとして、いくらでも機会を与えてくれるようになるだろう。

4　「人生がうまくいく人」が必ず実行していること

ある時、考え方を変えたんです。それからというもの、物事の暗い面ばかり見ているのではなく、明るい面を見ることができるようになったんです。今の自分をあらためて見てみると、私はなんとラッキーな人間なんだろうと思いますよ。

ミッシェル・ファイファー（女優）

◈この「直感力」と「条件反射」が強運を生む！

あなたが一生の間に受け取る幸運の総量は、自分がどれほど幸運かと考えられるかに直接結びついている。自分には〝いいこと〟が日常的に起こると信じれば信じるほど、あなたはますます運の強い人間らしく行動するようになり、するとさらに多くの人があなたに協力してくれるようになるのだ。

「自分は運がいいのだ」と考えることができれば、その楽観主義はたちどころに顔に表れ、一挙手一投足が変わってくる。そして、何か不思議な力によって、ほかの人が苦しむような不運から守られている気すらしてくる。もしあなたが強くそう感じていれば、会う人はそのことを感じとり、あなたの醸《かも》し出す雰囲気のために、ついあなたに協力したくなってしまう。

だが、「自分は運が強い」と思えるようになるには、特別な「感じ方」と「考え方」を身につけ、それらがすべての言動の基盤になっていなくてはならない。そして、それらを練習して習慣化すれば、幸運を招き寄せるために欠くことのできない「直感力」と「条件反射」を発達させることができる。私の知っている強運な人たちは、みな例外なくこの〝心の態度〟を生きるための原則としている。

では、どのような態度を習慣にすればいいのだろうか。私が知り得たものを、以下に記してみよう。

1 人を非難することで自分を〝正当化〟しない

自分が抱えている問題や失敗の責任を自分でとらない人があとを絶たないのには、いつも驚かされる。彼らがすぐ他人を非難するのは、そうしているほうが楽だからだ。自分に責任があることを認めたら、自分の欠点や至らなさと直面することになってしまうからだ。だが、ひとたび人を非難する癖がついてしまうと、その習慣からなかなか抜け出せなくなる。

もちろん、自分には本当に責任がなくて、実際にほかの人のせいであるということもあるだろう。だが、もしそうであっても、人を非難することでその問題の解決を図ろうとしていると、必ず運が落ちてしまう。

というのは、いつもそうしていることによって、しだいに自分に責任があっても正当化するようになってしまうからだ。

例えば、仕事が終わらないのを忙しすぎるせいだとか、同僚やスタッフが邪魔をするからだなどと考えるようになったり、自分が何を望んでいるか部下にちゃんと説明せずにおきながら、期待した結果が出ていないと文句を言ったりするなどがそれだ。

自分は責任をとらず人を非難すれば、当然、相手の心にはネガティブな気持ちが生じる。要するに「おれは正しい。間違っているのはお前」と言っているわけだから、そのような言い方をする人間に協力しようと思う人はいなくなる。

また、言い訳は、どんな場合でも必ず〝泣き言〟を言っているように聞こえるものだ。たとえ「事情を説明しようとしている」のであっても、言い訳は必ず責任回避と受け取られる。それは卑怯者、嘘つき、負け犬のとる態度であって、少なくとも勝者のものではない。

プロのスポーツ選手が試合で負けた時に、インタビューで言い訳をしたり相手を非難しているのを見たことのある人はいないだろう。苦情を言うことはあるかもしれないが、言い訳は絶対しない。それは、彼らは「言い訳をするのはプロではない」と教えられて訓練されているからだ。あなたも、一度言い訳を始めたら、成長も進歩も止まってしまうことを知ってほしい。

人を非難する癖のある人は、毎日次のような練習をするといい。

▼「失敗はあって当然。嫌がらずに失敗から学べ」と自分に言い聞かせる。
▼うまくいかないことがあったら、次に同じことがあった時にはどうするか書き出して頭を整理する。
▼「これは私の失敗だ」と自分に言えるようになる。
▼「自分でコントロールできる範囲のことは自分で責任を負う。それができれば、運はよくなってくる」と自分に言い聞かせる。

どんな場合でも、「自分でコントロールできる範囲内のことについては自分が責任を負う」という態度を人は立派と見なす。そして、そう考えることができる人は人格者であり、強さと勇気がある人だから、助けるに値する人だと解釈される。

それに、自分の非を認めることができるというのは、正直な人間だということだ。そのために自分の欠点を認めることになってしまっても、それは問題ではない。なぜなら、完全な人間に助けはいらないからだ。多少不完全だからこそ、援助の手が差し伸べられるのである。だから、もし自分の誤りの責任をとることが不安でも、やってみるといい。必ずわかる人はわかってくれる。

では、はっきり他人の責任だとわかる場合はどうか？　その相手を恨むべきだろうか？　中には、

「恨み」もエネルギーを生む源泉だと言う人もいる。それが動機となってやる気が起き、競争意識が高まるというのだ。それも一理あるかもしれないが、一つだけはっきりしているのは、恨みを抱いたまま運の強い人間にはなれないということだ。むしろ事実は逆で、運は悪くなる。なぜなら、恨みは近づいてくる機会をブロックしてしまうからだ。それはなぜか?

心の中に恨みを抱えていると、ストレスや怒りがたまったままになり、結局はそれが言動にも表れる。あなたのとげとげしい言動に出会った人、あるいはそれを横から目撃した人は、そのことを簡単には忘れない。

感情的でネガティブな言動は、長い目で見ればけっしていい結果をもたらさないのである。攻撃的な態度をとることによって、一時的には思い通りになることもあるかもしれないが、結局は、多くの人はあなたを避けるようになり、あなたと機会を分かち合おうとはしなくなるだろう。

このように、恨みというのは、始めは強い個人的な感情だが、自分自身のネガティブな態度や人々の噂によって、しだいに多くの人を巻き込むものとなっていく。あなたが誰かに対して恨みを抱いていることが、ほかの人から見ても明らかにわかるようになったら、もはや自分の家の井戸に毒薬を投げ込んだのも同然だ。

その後も引き続き親しくしてくれる人もいるかもしれないが、その動機はもはや以前と同じではない。あなたが誰かに対して抱いている怒りや悪意がその後どうなったか見たいから、というものに変わっている。

だから、恨みは無理をしてでも捨てたほうがいい。そうすれば、自分を解放し、物事をポジティブに考え、本当に重要なことに集中することができるようになる。すると、人から見てもオープンで正直でポジティブな人と映る。

恨みを抱く癖のある人は、次のような心の持ち方を練習するといい。

◎自分を傷つけた人は、ていよくかわし、無視する

そういう相手は反面教師と考える。あなたを妨害している人も、そうやってあなたを強くしてくれているのだ。

◎人前では、嫌いな人間の悪口を絶対に言わない

悪口を言うたびに、あなたの恨みは心の中でますます大きく膨らんでいく。そして、それはますます日頃の態度や言動に表れ、あなたのイメージはさらに悪くなる。

◎不快な人間のことを人に話さなくてはならない時には、言い方を工夫する

「彼ももう少しいい人だったらいいんだが」「彼女はきっと大きなプレッシャーがかかっていて、ストレスがたまっているんだよ」といった具合。

恨みを捨てれば、あるいは少なくともコントロールできるようになれば、あなたは気分がすっきりしてずっと快活になり、一緒にいて気持ちのいい人間になる。そうなれば、人々はあなたに協力してあげたいと思うようになり、その結果あなたの幸運度も上昇する。

❷相手の心をグッとつかむ、ほめ上手になる

本心からのほめ言葉は、聞いた人の気分をよくさせ、ひいてはその言葉を発したあなたに対してもいい感情を抱くようになる。また「人をほめる」のと「お世辞」は同じだと考える人もいるが、この二つには大きな違いがある。いわゆる「お世辞」には、へつらったり相手の心を操作して何かを得ようという安っぽい下心が潜んでいるが、善意による本心からのほめ言葉は誠実さの表れである。本当のことを言って人の気分をよくするのが悪いはずがない。

強運な人はこれが特にうまい。彼らのほめ言葉がいつも自然なのは、本当にそう思っているからだ。だから、彼らからほめられても、「この人は、いったいなぜ私をほめているのだろうか」などと勘ぐる人はいない。本気で言っていることがわかるから、みな気分をよくし、嬉しくなる。そして、その人のために何かしてあげたくなってしまう。

そういうわけだから、人をほめる時にまず第一に覚えておくべき大切なことは、本心からの言葉をかけてあげなくてはならないということだ。心にもないことを言うくらいなら、何も言わないほ

うがいい。

次に重要なのは、いくら本当に思っていても、相手が納得できることでなければ言っても逆効果だということ。例えば、あなたが誰かのことをカッコいいと思ってほめても、本人は「自分は太り気味だ」と思っていたら、あなたの言葉はいい印象を与えない。

そういう失敗をしないためにいちばんいいのは、誰が見ても明らかではないことをほめることだ。つまり、それはあなたの個人的な意見であり、もし本当にそう思っているのなら、聞いたほうが悪く解釈する余地がない。そしてあなたのほめ言葉が受け入れられたなら、あなたという人間が受け入れられたということになる。

では具体的に何をほめたらいいのか、以下にヒントをいくつかあげてみよう。ただし、繰り返すが、本心からそう思っていない限り、こういうことを言ってはいけない。

◎着ている服のいいところ

服というのは、それを着ている人の延長であり、本質的に個性が表れている。だが、個性についても服の選び方についても、完全に自分に自信のある人はまずいない。だから、自分では気がつかなかった意外なところをほめられれば、誰でも悪い気はしない。

◎仕事の内容に関することや、その人のエネルギッシュなところなど

◎持ち物のセンスや好みなど

例えば部屋の内装や家具、装飾品、音楽、食べ物の好みなど。

◎気前のよさや寛大さなど、性格のいいところ

◎苦労してやり遂げたこと

例えば、その人が書いたレポートやプレゼンテーション、仕事のやり方など。

一方、次のようなことをほめると、かえってまずい雰囲気をもたらす場合がある。

◎体重に関すること

例えば「最近少しやせましたね」などと言うのは、よほど親しい間柄でない限り個人的すぎる。ほめているのか、けなしているのか、心配しているのか、よくわからない。

◎その人が難しい状況を辛くも切り抜けた時のこと

同情などされたくないかもしれないし、その話にはもう触れられたくないかもしれない。

◎その人が誰かを手ひどくやっつけた時のこと

例えばその人が誰かをクビにしたとか、会議で同僚を厳しく批判したようなこと。本人もいい気持ちはしていないはず。

◎「きれいな目ですね」というようなこと

たとえ本当にそう思っていたとしても、必ず嘘っぽく聞こえる。現実は映画とは違う。

◎その人が失うことを恐れているかもしれないもの

例えば、その人のガールフレンドとかボーイフレンドのことなど。

運の強い人は、ほめ上手だ。そして、どういう時なら言葉を続けてもいいのか、あるいは言葉を止めたほうがいいのかを知っている。

例えば、相手が謙遜してほめ言葉を受けつけない場合には、本気で言っていることを強調するために、さらに言葉を続けたほうがいい場合がある。だが、あまり言いすぎるとかえって嘘っぽくなってしまうから、そうなる前に言葉を止めなければならない。どのあたりで止めるかがカギだ。

もしあなたのほめ言葉に嘘がなく、善意と誠意を持って言っているのなら、そしてその言葉が相手の心に届けば、その人は確実にあなたを好きになる。あなたを好きな人が増えれば、あなたに訪れる機会も増えてくる。人は誰でも、自分が自分であることに対して気分よくさせてくれる人を好きになるものだ。そして、その人のことを特別扱いするし、運の強い人だと感じるものなのだ。

3「知ったかぶりをする人」に人は力を貸してくれない

知ったかぶりをしない――。おそらく、これは一見やさしそうに見えて、身につけるのが最も難しい習慣の一つだろう。能力がある人ほど、そして知識が豊富な人ほど、それを他人に示したくなるのが人情だ。だが、一度それをやり始めると、中毒になってなかなかやめられなくなる。そして自分の優秀さに気が奪われ、人の話を聞かなくなってしまう。すると、しだいに自分の考えだけが正しいと思うようになる。

つまり、「なんでも知っている」という態度は幸運を遠ざける。なぜかというと、人の心が遠ざかってしまうからだ。力になってくれる可能性のある人ですら、「なんでもわかっているのなら、協力する必要はないだろう」ということになってしまう。つまり、あまり優秀ぶるのは自分のためにならないということだ。

つい自分の優秀さを示したくなる癖のある人は、次のような練習をするといい。

◎何か言いたくなったら、それを言うかわりに質問する

つい偉そうな口をききそうになったり、人に説教したくなったり、あるいは人の話をさえぎって自分の話をしたくなったら、それをこらえて相手に質問するといい。ある知人は、人の話をさえぎって何か言いたくなったら、「それは面白い。で、それはどうして……?」と聞くことにしているそうだ。

◎一流の人ほど「聞き方」がうまい

私は長い間、さまざまな新聞社や出版社で編集と執筆の仕事をしてきたが、その間に大勢の記者

たちと知り合うことができた。彼らとつき合っているうちに気づいたのは、彼らの中でも一流の記者と呼ばれる人たちは、みな聞き上手だということだ。

彼らはみな、取材する相手からいい言葉や新鮮な考えを引き出すために、どうやってうまく話を聞いたらいいかを自分で研究し、練習している。

また、ある知人は、人の話を聞く時には、自分の口に指を当てるようにしているという。そうすることで、相手の話をさえぎらないようにしているのだ。

別の知人は、以前は知識を誇示して物知り顔で話す癖があったことを反省して、今では人と話をする時には、車の運転席に座っている姿をイメージするのだという。そして相手がしゃべり始めたら、心の中でギアをニュートラルに入れる動作を思い描くのだそうだ。ギアがニュートラルの時、車は惰性で走っているのでいくらアクセルをふかしても加速することはない。つまり、運転者は完全に受動的な立場に置かれる。こうして彼は、相手の話を聞くだけの状態に自分を置くのだそうだ。

◎いつも自分が会話の最後を締めくくろうとしない

なんでも知っている顔をしたがる人は、人の話を聞いてもそのまま終わりにすることができず、必ず最後は自分の話をして締めくくろうとする。だが、たとえそれがいい話だったとしても、そういう態度が人から喜ばれることはめったにない。

というのは、そういう態度は、必ず「私の話のほうが面白い」と言おうとしているような印象を与え、相手から話をした喜びを奪ってしまうからだ。

人が話した後に必ず自分の話をしたがる人、自分の話のほうが面白いと言わんばかりの人、いつも自分は正しいと言っているような人は、一緒にいても楽しくない。したがって、そういう人には誰も協力しようという気が起きない。

人が話をする時には、その話に心から興味を持って聞いてあげることだ。そうすれば、なんらかの情報を漏らしてくれることもあるだろう。そういう時に漏らす情報こそ、あなたに機会をもたらし、幸運度をアップさせてくれる源泉となる。

◎自分を笑うことを覚える

あまり自分を深刻に考えすぎる人や、自分を重要人物のように考える人は、強運には見えない。人間は誰でも、そのときの気分でたまに冗談を言ったり、人を笑わせたりすることがあるものだ。この事実がよく理解できれば、人から多少からかわれたくらいのことなら、一緒になって笑うことができるはずだ。

ある友人は、人からからかわれた時には、たとえ本当は傷ついていても、自分が真っ先に笑うようにしているという。これはけっしてマゾヒズムではない。人が軽い冗談を言ってあなたをからかうのは、しばしばあなたに対する羨ましさの裏返しだったり、あなたと話すことがあまりに気楽なので、その心地よさのせいで、からかうのを悪いことと感じていないためだったりする。

軽いけなしなどは「ほめているのと同じ」くらいに考えて、あまり深刻に言葉通り受け取めないようにしたほうがいい。そういう時に攻撃されているように感じるなら、あなたは自分を偉い人のように考えすぎている。

4 今現在、「自分の持っているもの」に対する感謝を忘れない

夢を追って人生の探索を続けていると、すでに自分の身に起きた素晴らしい出来事を忘れがちになる。すでに手に入れているものに感謝することなく、手に入らないものにフラストレーションをためるのは人間の性《さが》だが、それは間違いだ。

ある知り合いの女性は、非常に扱いにくい上司のもとで働いているが、いつも微笑みを絶やさず、親切で、陽気で、快活だ。私は彼女が人に対してかみつくような言い方をしたり、機嫌を悪くしているところなど見たことがない。

ある時、どうしていつも笑顔を絶やさず、気分よく仕事をしていられるのかと尋ねてみた。すると彼女はこう答えた。

息子がガンを宣告されて今治療を受けている。そういうことがあると、ほかのことはすべて、それとの比較の問題となってくる。例えば、ストレスがたまるとか、つらいと思えるようなことでも、本当はそれほどの大事件ではないとわかってくる。そんなことは、一週間もすれば忘れてしまって

いる……。

もしあなたが、運の強い人間になりたいと本気で思うなら、これまでに自分がやり遂げてきたことについて真剣に考え、それに感謝できなくてはならない。だからといって、「夢をかなえることなど考えず、現状に満足して黙って座っていろ」と言っているのではない。

今までにすでに得ているものもたくさんあることに気づき、もしかすると、一夜にして今よりずっとひどい状態になることもあり得るのだということを自覚すれば、人生に対する態度は変わってくるだろうということだ。

もしあなたが自分の持っているものに感謝し、「健康」や「家庭」や「自分の能力や技術」を有り難く思うことができれば、多少運の悪いことが起きたからといって苦悶したり、思うように物事が運ばないからといってあきらめることはないだろう。反対に、「自分はなんと幸運なのだろうか」と考えることができ、さらに幸運を招くことに意識を集中できるようになるに違いない。

視野を広げ、人生をバランスのとれた見方ができるようになるには、新聞の国際ページを読むのも一つの方法だ。

アフリカや東ヨーロッパでは罪もない人たちが虐殺され、生活を破壊されていることは周知の事実だ。そういう記事を読んだあとで「買い物に行ったらレジに長い行列ができていて待たされた」とか、「仕事で失敗した」、「職場で嫌なことがあった」と言って腹を立てたり嘆いている人がいたら、あなたはどう思うだろうか。

私たちのように繁栄している国に住んでいる平均的な人間がこうむる〝つらいこと〟など、彼らの悲惨さの比ではない。

自分にすでに備わっているものに感謝できる習慣を身につけるには、次のように考えてみるといい。

◎自分の人生は「なんといい人生」ではないか

ある朝目覚めたら、持っていたものがすべて消え失せていた、と想像してみてほしい。「持っていたもの」とは物質的なものだけとは限らない。健康も、才能も、得意な技術も、仕事も、友人も、家庭も、すべてだ。そうなった時、あなたが最初に望むのはどんなことだろうか? きっと、「それらのものがまた元に戻ったらどんなにいいだろう」ということではないだろうか。

もしこのことを自覚するなら、あなたは今自分が持っているものがどれほど有り難いかがわかるに違いない。そうなれば、今の自分に感謝せずにはいられないだろう。

◎今九十五歳だったら何に感謝できる?

その年齢になって人生を振り返った時、あなたは何を思うだろう? その年齢に何を感謝できるだろうか? 「あの時ああしておけばよかった」と思うのは、いったいどんなことだろうか?

◎不幸な人を見たらきりがない

恵まれている人を見てもきりがないが、不幸な人を見てもきりがない。この世には、あなたが持っているものを持っていない人もたくさんいるに違いない。仕事や物質的なものだけではない。愛する人たち、いい性格、創造的な精神などもその一つだ。

◎あなたにとって「子供」とはどんな存在か

もしあなたが子供を持つ親なら、あなたにとって子供とはどういう存在だろうか。イライラやストレスの原因だろうか？　それとも、喜びをもたらしてくれる大切な存在だろうか。年をとって老人になった時、あなたは彼らからの電話を待ち望むようになるに違いない。そして、彼らが小さかった頃の日々に再び戻れたらどんなにいいかと思うことだろう。

幸運な人たちは、常に現在の生活を自分より不幸な人たちの生活と比較して考え、自分が幸運であることに感謝することができる。そういう「感謝の心」を持つと、誰でもたちどころに、今自分がしていることや、これからやろうとしていることに対して元気が出てくる。

そして、快活になればなるほど、あなたはより多くの人を引きつけ、人々はあなたに協力してくれるようになる。つまり、あなたの運はよくなっていくのだ。

5「一緒にいて心地いい」と思わせる身だしなみを心がける

運が強く、人生が好調の波に乗っているということは、高価な服で着飾ったり、最新流行の格好をするということではない。清潔でこざっぱりさえしていればいいのだ。

きびきびした人間に見えるということは、あなたが思うよりずっと重要だ。最近では、職場でもカジュアルな服装が受け入れられる傾向にあるが、いきすぎるのはよくない。金曜日にはオフィスが日曜日の午後の自宅みたいになってしまうのでは困る。こぎれいな格好をしただけで人の目につくことが、今ほどたやすい時代はない。

身だしなみを整えるということは、エゴや自信の強さを主張することとはなんの関係もない。ほかの人を不快にさせない、つまりいい印象を与えるということにすぎないのだ。そのために多少の時間をかけることによって、あなたは「まわりの人たちに対する気配りを忘れていない」ということを表明しているのである。それは人間関係の環境を整備するということだ。

どのような服装をしている人が運の強い人のように見えるかは、個人の好みの問題に属するが、少なくとも仕事場で、家でくつろいでいるのと同じ格好をしている人が、そう見えるということは絶対にない（大会社のオーナーとか、億万長者なら話は別だが）。もし、運を向上させたいとか、デートの約束をとりつけたいと思うのなら、一緒にいるのが心地よいと思われるような外見をしていなければならない。

知り合いに、よくエリート政治家や文化的著名人を招いてパーティーを開いている女性がいる。彼女はれんがづくりの大豪邸に住んでいるのだが、その豪邸を有名人に見せびらかせたくてパーティーを開いているのではない。招待した人たちに、普段とは違った素敵な時間を過ごしてもらいたいからなのだ。

だから、もし招待客が帰り際にその家をほめたら、自分が主催者として何かミスを犯したのではないかと思うそうだ。もし客が、食事にも、集まった人たちの顔ぶれにも、交わされた会話にも、すべて満足して「いい時を過ごした」と言ってくれたら、パーティーは成功なのだという。

〝身だしなみ〟という外見を整えるのも、基本的にはこれと同じことだ。スタイルや色調に気を使うのは、「いかに格好いいか」とか、「どれほど高い服を着ているか」を人に見せつけるためではない。一緒にいて気持ちがいいと感じてもらうためだ。

服装心理学の面から言っても、色やデザインのセンスによっては人に好感も不快感も与える。いいセンスの身だしなみは、一緒にいる人に温かみを感じさせる。

私はこのテーマについて、運が強いと思える知人たちにアンケート調査をしてみた。私の質問は、「人から機会を与えられるか拒否されるかに影響すると考えられる、服装やヘアスタイルに関する最も重要な注意事項は何か」だ。彼らのあげた主な答えを以下に示してみよう。

▼ボサボサの頭は禁物。髪はちゃんととかす。仕事に対する態度がそこに表れていると受け取られる。
▼汚い靴も不可。磨かれて光っている靴ほど「仕事がうまくいっている人」に見える。
▼シャツやブラウスはきれいにクリーニングされ、パリッとしていること。女性が身につけるアクセサリーは、品のいいものに限る。シャツ、ブラウス、靴、ベルトなどがちゃんとしていれば、高いスーツを着ているかどうかは重要ではない。
▼メガネはあまりファッショナブルなものではなく、知的なものがよい。
▼金曜日とか荒天の日でもラフな服装はしない。天気の悪い日こそ、ビシッとした服装が好感を与える。
▼自分の年より若い格好をしない。
▼男性の場合、けばけばしいネクタイをしない。女性はあまり大きなイヤリングをしない。
▼最新流行のスタイルやレトロは避ける。そうでないと、人の関心があなたの人格や知性からそらされてしまう。

⑥ライバルとの競争は、〝ビジネスライク〟に徹する

運の強い人たちは休まない。もちろん休憩することはあるが、その場合でもすっかり休んでしまうのではなく、いつも新しい仕事の機会を探している。

ある時、友人の一人が、「会社が経験の浅い若い人間を採用して、自分と同じレベルの仕事につかせた」と言って、くやしがっていたことがあった。彼の上司は「課が若返る必要がある」と言っているのだという。だが、その若者を採用して喜んでいるのは上司だけで、同僚たちはみな頭にきていた。

彼は上司の判断が間違っているとわかっていた。というのは、新しく採用されたその若者には性格に大きな欠陥があることにすぐ気づいたからだ。まず第一に、人間関係において賢くない。次に、それほど仕事ができない。第三に、高慢なところがあり、その性格はいずれ上司と衝突するに違いなかった。

私の友人には二つの選択の道があった。ことあるごとにその若者と衝突して競い合うか、黙って協力するかだ。だが彼はそのどちらも気が進まないと言うので、私は中間でいくことをアドバイスした。勝手にやらせて、一人で脱線するのを待つのである。そういう人間は、遅かれ早かれつぶれるものだ。いちいち争わずにビジネスライクにつき合ったほうがいい。

私のアドバイスには二つの意味があった。まず、もしその男が仕事でうまくいけば、私の友人は協力していたということで成功の恩恵を受ける。そして、もし失敗すれば、その男はクビになるか、少なくともおとなしくなってくれるだろう。

そこで、私の友人はその男に協力することにし、そのことを同僚にもオープンに伝えた。しばらくして、その男はやはり問題を起こしてクビになった。だが、友人は昇格した。同僚たちは、その男の起こした問題に彼が連座させられなかったのはラッキーだと思ったという。

だが、彼が生き残ったのには秘密があった。彼はその男と仲良くやっているように見えていたが、それは表面だけで、深入りせずに時のたつのを静かに待っていたのである。

もし彼が、苦々《にがにが》しい気持ちを露骨に表したり、その男の仕事を妨害したりしていたら、その男が失敗したのは彼のせいだということにもされかねなかっただろう。そして、彼は会社全体のためではなく、自分の個人的な感情で行動していたと判断されたかもしれない。

強運な人間は「急《せ》いてはことをし損じる」ことなく、ライバルとの競争に勝つためには時間をかけている。彼らがどうしているか、いくつか例を示してみよう。

- 相手の欠点を見つける。
- ほかの人たちもその欠点に気づくかどうかをよく観察する。
- その人の仕事に協力するよう言われたら、言われた通りにする。

- その人の悪口は絶対に言わない。
- もしその人が仕事に成功したなら、そのまま協力する。もしその人がしくじっても、あなたはチームプレーヤーだということがわかるから、協力した分だけ評価が上がる。どのみちあなたは損をしない。つまりあなたは強運に見える。

7「嫉妬心」は結局は自分の「やる気」をそぐだけ

人間の持つ感情の中で、最も自分のためにならないのは嫉妬心だ。嫉妬心は自分自身を苦々しい思いにさせ、建設的なエネルギーを損ない、幸運と機会を遠ざけてしまう原因となる。それに、一度嫉妬深い人間だと思われてしまったら、その後、運が強いと思われることは二度とないだろう。なぜなら、運のよくない人間に限って他人の幸運に嫉妬深く、ケチな考えを持つからだ。

中には、「嫉妬心はゴールを達成したい気持ちを強める。だから、そういう気持ちを持つのはいいことだ」と言う人もいる。他人をうらやむ気持ちがなければ、競争に勝ちたいという〝やる気〟が出ないと言うのである。

だが、私はその意見には反対だ。嫉妬心が行動の動機になっていると、時期尚早な、あるいは到達不可能なゴールを心に描いてしまうことが多いからだ。また、太刀打ちできないような相手に競争を挑んで敗北し、自己嫌悪に陥ることもある。

自分にないものを持っている人を見て、「自分も同じようなものを持ちたい」という欲求を持つことは、それに執着してほかのことが見えなくならない限り、建設的な動機ともなり得る。だがそれが嫉妬心に変わると、たいてい「相手の悪口」という形で表れる。そうなると、腹を立ててばかりいるケチな人間になってしまい、当然幸運もやってこない。ちょうど塩酸がまたたく間に鉄を浸食してしまうように、嫉妬心は幸運をまたたく間に蝕《むしば》んでしまうのだ。

⑧「今日できないことは、明日考える」心の余裕を持つ

どんな人でも、うまくいかない時というのはあるものだ。嫌なことは翌日に尾を引かないように、その日の貸しにしておいて先に進もう。これは「そうしたほうがいい」という程度のことではなく、絶対にそうしなければならないことだ。

毎日起こる嫌なことをすべて心の中にため込んでいたら、頭がおかしくなってしまう。昔から「悪い日の翌日はいい日」と決まっている。今日解決できないことでも、一晩眠ってちょっと見方を変えたら解決した、ということはよくあるものだ。

私は一日に記事を三つも四つも編集しなければならないことがよくある。それらの記事の多くは文章を完全に組み替えなくてはならず、しかも最初の書き出しの段落を私が書かねばならない。時

には苦もなくスラスラいくこともあるが、パソコンのモニタースクリーンを見つめたまま一行も書けないこともある。

そういう時には、パソコンのスイッチを切り、何かほかのことをするようにしている。面白いことに、翌日もう一度挑戦すると、前日は一時間かかっても書けなかった文章が数分で浮かんできたりする。

仕事で大事な人に会わなくてはならないような時に限って、その直前にシャツのボタンがとれてしまったり、ストッキングが伝線したり、あらゆることのタイミングがずれてしまってうまくいかないという経験は誰にでもあるに違いない。

ともすると、こういう悲惨な出来事はいくつもまとめてやってくる。だが、そういう不運は、心の平静を取り戻せば独りでに消えていく。

もしあなたが、「小さなトラブルはそのうちに独りでに消えていく」と信じることができれば、そういう細かい問題が起きるたびに直ちに解決しようとして時間やエネルギーを浪費する愚を避けることができる。

私が出会った強運な人たちは、みな例外なくこのことを知っていた。彼らはみな、その場ですぐ解決できないことをくよくよ考えて煩悶《はんもん》するようなことはない。

オフィスでごたごたが起きた時にも、彼らは直ちに何かをするということはしない。例えば、二人の部下の仲が悪くて角《つの》を突き合わせたようになっている時なども、まず当事者に頭を冷やすように言う。もしくは「すぐなんとかしよう」と口では言っても、二人の熱くなった頭が冷えるまで少し時間を置く。

熱くなっている最中に無理やりなんとかしようとすれば、爆発する危険性があるからだ。それに、こういう人間関係のトラブルは、少し時間を置いてトラブルがそれ自体落ち着くのを待つようにしないと、自分が消耗してしまう。

運の強い人たちは、次のような態度で人間関係のトラブルに対処し、視野のバランスを保っている。

◎「ただちに解決しなければならないほど重大なトラブルなどない」と考える

これは重大だ、大変だ、と人が言うのでそう見えるだけだ。

◎人の話をよく聞き、すべての利点と好ましくない点を検討する

必要ならアウトラインを書き出して整理する。

◎ひとまず仕事の手を休め、リラックスすることを学ぶ

ストレスの原因は心のテンション（緊張）だ。問題が大きくなってきたら、心の中が慌ただしいのがいちばんいけない。ひとまず仕事の手を休め、ゆっくりと深呼吸をして、とにかく少し時間を置く。多少のもめ事などは、時間とともに自ら解決していくことが多いものだ。

もしあなたが困難を笑いとばし、「問題は解決できる」という態度でリラックスしていれば、周囲の人もリラックスできてあなたに好感を持つだろう。そしてあなたの評価は上がり、あなたは強く、賢く、強運な人に見えるだろう。

5 〝小さな行動〟——この〝心配り〟が大きな差を生む！

幸運を得るには、自分は幸運だと信じることだ。
テネシー・ウィリアムズ（劇作家）

◈「力を貸してくれるのは誰か」の見極め方

心の持ち方を変えることの大切さが理解できたら、次のステップは、自分の目標は何かをはっきりさせ、さらにその目標達成のために力を貸してくれるのは誰なのかを知ることだ。ほとんどの人は、計画もたてずにただ幸運が起きることを願っている。何かの機会が偶然行く手を横切ったら飛び乗ろうと、ただ待っているのと変わらない。

だが、機会というのは、さまざまなものが生じたり消えたりしているうえ、常に流れている。だから、まず、何が自分の望みなのかがわからなければ、そもそも何が自分にとっていい機会なのかわからない。

私の考えでは、あまり遠い将来のゴールを設定するのは現実的でない。ほとんどの人は、次の週末に何をしたいのかもわかっていない状態だ。五年先のこととなったら、なおさらだ。

しかし、少なくとも、来年とか二、三年先には何を達成していたいか、くらいのことについてはなんらかの考えを持っている必要がある。それがはっきりしたら、次に、どんな人たちとつき合っていったらよいのかを注意深く見極める。

◈第一の目標を、はっきりと頭に描き出せるかどうかが決め手

一般的に言って、人間は同時に二つ以上の大きな目標に向けて進めるようにはできていない。だから、会社を変わることでも、今の会社にとどまって出世することでも、自由時間をもっと捻出することでも、目標はなんでもいいが、まず第一の目標は何かをはっきりさせる。

自分が本当に望んでいるのはなんなのかを知るには、自分に対して正直になり、心の奥を静かに見つめて自問できなくてはならない。

もし仕事を変わりたいのなら、今の職場ではできないどんなことをやりたいのか、今の会社でやれることはやり尽くしたと感じているのなら、次のステップはいったいなんなのか。もっと経営的なことがやりたいのか、それとも自分の能力がもっと評価される環境を求めているのか、あるいはもっとカリスマ的なリーダーの下で働きたいのか。または、リスクはあっても冒険できる会社がい

いのか……。

もしあなたが、今の会社で現在より責任のあるポストを望むのなら、やりたいのはどんな仕事で、やりたくないのはどんな仕事なのか。もし仕事の量が増えれば、それに見合った分だけ収入も増えるのか。あなたにとって問題は収入の額だけなのか。もしそうなら、今の会社にいるより、別の会社に移るかフリーランスになったほうがいいのか……。

幸運を望むなら、自分は何が望みなのかを率直に自問し、ゴールに向けて進む固い信念を持たねばならない。

◈チャンスを運んでくれる〝機会の門番〟とのつきあい方

〝機会の門番〟とは、多くの場合、友人といえるほど親しくはないが知人といえる程度に知っている人で、あなたが知り合いたい人たちとすでに親しくしている人だ。その人を通じてあなたは幸運をつかむことができるかもしれないが、それはあなたが「機会を与えられるに値する人間」であり、それを「ものにする能力がある」ことを示すことができた場合に限られる。

この〝機会の門番〟こそ、あなたを何かの集まりに誘ってくれたり、機会をつかむためのカギとなる人を紹介してくれる可能性がある人だ。言うならば、彼らは暖炉にくべた薪《まき》の、ほのかに燃えて赤くなったところのようなものだ。薪をうまく燃やすには、時々ひっくり返して、火がついている部分の位置を変えてやらなければならない。放っておけば、火は消えてしまう。

ここで一つ理解しておかなくてはならないのは、そういう人と「コンタクトを絶やさない」ということは、「へつらう」のとはまったく違うということだ。多くの人は、「下心があるのだろう」と思われたくないばかりに、力になってくれるかもしれない人とのコンタクトを続けようとしない。

だが、そんなことにこだわっているべきではない。幸運や、成功や、幸福は、人々との開かれた双方向のコミュニケーションなしにはあり得ないのだ。〝幸運の門番〟は、世の中とはそういうものだということを知っているから、正しい印象さえ与えれば、あなたがコンタクトを絶やすまいとする努力を普通はわかってくれる。

それが理解できたら、日頃から人脈のネットワークづくりを心がけよう。

◎知っている人の名を思いつく限りすべて書き出してみる

誰はどんなことをしているか。あなたが仕事をしたい分野に少しでも近いところにいる人はいないか。その人自身は直接関係なくても、どんな知人がいるかわからない。多くの機会は思いがけないところからもたらされるものだ。

◎紹介された人とコンタクトを取り、アフターフォローも忘れない

さまざまな〝門番〟がいろいろな名前を教えてくれたら、それらの人々とコンタクトをとり、その名前は常に整理しておく。また、名前を教えてくれた人に礼を尽くすことも忘れてはいけない。もし忘れたりしたら、その人はもう二度とあなたに力を貸してはくれないかもしれない。

◈「機会を与えてくれる人」と会う時の巧みな会話術

話をする時、多くの人は用件を急ぎすぎる。最初に会った時には、むしろあなたが今までにしてきたことなどを話して相手に自分をよく知ってもらい、人間同士のつながりを深めることに時間を費やしたほうがよい。

レストランや喫茶店などで話をする時には、会話技術の巧拙がたちまち表れる。そういう意味では、会話というのは繊細な芸術のようなものだ。お互いがぎくしゃくせずスムーズに会話が進むようにするためには、人間関係にもウォーミングアップが必要だ。

「誰か紹介してもらえないだろうか」という話を切り出すタイミングはどう計ったらよいだろうか。普通、話のきっかけをつかむのは、コーヒーをオーダーした直後などがよいが、場合によっては、その日はその話はしないで、翌日電話で話したほうがいいこともあるだろう。

いずれにせよ、重要なのは相手に与える印象である。あなたはすべてのことがうまくいっており、やる気も能力もツキもある人間だということを示さなくてはならない。間違っても「今、窮地に陥っており、泥沼から救い出してもらいたがっている」などという印象を与えてはならない。そういう意味でも、あまり用件を急ぎすぎると相手にいい印象を与えない。
　そのほかの注意すべき点を、いくつかあげてみよう。

◎相手のことを中心に話す

　自分のことについてある程度話したら、話を相手のことに切り替え、その後はずっと相手のことを中心に会話を続ける。そして話をよく聞き、的《まと》を射た質問をする。会話上手の基本その一は「しゃべりすぎないこと」を忘れずに。

◎難しい問題をどう処理しているかを尋ねる

　アドバイスを求められて嫌な気がする人はいない。具体的な問題について質問をすることで、相手はあなたに「教えている」立場に押し上げられ、そうするとほかの質問にも乗ってきやすくなる。

◎「最近どうしてる？」と聞かれたら、相談を持ちかける

　そういう話題が出るのは、たいてい食事の終わり近くになって両者がリラックスした頃だ。〝門番〟がそう聞いてくれたら、あなたは自分の計画について話し、「力になってくれそうな人を知っている人はいないだろうか」と切り出す。ここで、その人に直接助けを求めたり、力になってくれそうな人を紹介してくれないかと頼むのではなく、もうワンクッション置くのがポイントだ。そう

りすることで、もしあなたが最終的に紹介された人との交渉でいい印象を与えることができなかったり、将来関わった仕事で失敗しても、〝門番〟は顔がつぶれないですむ。

◈キーパーソンには、朝一番に電話せよ！

カギとなる人を紹介されたら、その人に電話するタイミングは、その人が出社した直後で、仕事がまだ本格的に始まっていない朝早い時間がいちばんだ。その時間帯は本人が自分で電話をとることも多く、また話を聞いてくれやすい。遅くなると仕事が忙しくなっているうえ、留守電になっていたり秘書やアシスタントが電話をとってしまう。

そういう人に初めて電話する時には自信ある印象を与えなければならないが、そのためにはあまり早口にならないよう注意しなくてはならない。多くの人は、上がってしまったり、落ち着かなくて、早口になる傾向がある。

そうなると聞きとりにくいばかりでなく、相手にいい印象を与えない。早口でペラペラやるのは、まがい物をつかまそうとしているセールスマンとか詐欺師と相場は決まっている。相手にちゃんと話を聞いてもらおうと思ったら、落ち着いてゆっくりしゃべることだ。

ある調査によると、親しい友人と電話で話す時には、誰でもしゃべり方がゆっくりになっているという結果も出ている。落ち着いた声で、楽なペースでしゃべったほうが、相手には言いたいことがよく伝わるものだ。

◈この〝コネクション倍増法〟でツキを増やす！

これは私自身よく使う方法だ。〝門番〟が二、三の名前を教えてくれたら、その人たちからまた二、三の名前を教えてもらうのである。そしてその人たちからさらに二、三の名前を聞き出す。これを繰り返して、少なくとも二十人くらいの名前を引き出したら、その全員にコンタクトをとってみる。

もちろん、新しい名前を教えてもらうごとに、教えてくれた人には適切に感謝の意を表することを忘れないのは当然だ。そうでなければ、その人たちに悪い印象を残してしまい、あなたの運は向上するどころか急降下してしまう。

紹介された人たちがあなたを助けてくれるかどうか、また、どれほどの時間をあなたのために費やしてくれるかは、あなたが順調で運が強い人間だというイメージをどれほど与えることができるかにかかっている。

「幸運は運の強い人間を好むこと」、それから、あなたに与えられる機会の質の善し悪しは、「カギとなる人に始めて会った時に、あなたがどれほど運の強い人間に見えるかにかかっていること」を忘れないでほしい。

◈好機を〝雪ダルマ式に増やす人〟の時間活用法

あなたが今後、自分のためにどれほどの幸運をつくり出すことができるかは、自分の時間をどれほどコントロールできるかどうかにかかっている。いつも何かに時間を拘束されていて、カギとなる人に会うことができなければ、当然のことながらその人から何かを学んだり、情報を得たりすることはできない。

不在の時にかかってきた電話にコールバックできなかったり、社内で起きている最新の重要事項を知らなかったり、同僚や社外の人との昼食に外に出られなかったりすれば、機会に遭遇するチャンスは大幅に減ってしまうばかりか、近くを通りすぎる機会に気づくこともできない。

「運」と「時間」はお互いに関係し合っている。常に片目で機会をにらみ、片目で腕時計をにらんでいる人は、さらなる機会をつくり出すことができる。いつも自分のデスクにしがみついている人に幸運は巡ってこない。それでもいつかは昇進することもあるかもしれないが、いつも自由に人と会っている人に比べればずっと遅くなるだろう。

知人に、最近の五年間に三つの会社の重役を歴任した高給取りの女性がいる。彼女は毎日、午後十二時半から三時まで、レストランでさまざまな人たちと昼食をとる。そのことを知ると、みな「毎日そんなに長い時間を昼食に費やして、どうやって社内の仕事をこなすことができるのだろう」と不思議がる。

そこで、私は直接本人に尋ねてみた。彼女の答えを要約すると、次のようになる。

「仕事の中で、こまごました雑事については、それを処理するために優秀なスタッフを何人も雇っている。彼らにはかなりの裁量をまかせてあり、私は普段は後ろに引き下がっている。私がそういうことに直接関わるのは最後の段階だけで、しかも微調整をするだけだ。彼らの仕事ぶりが私の基準に達しない場合は、担当の課長に厳しく当たる。私の仕事はスタッフ全員をスターにすることではない。秀《ひい》でた人間なら、自分の力で頭角を現してくる。私は優秀な課長を要所に過不足なく配置して、自分自身は会社の外に出られるようにしているのだ……」

こうして彼女は自由に使える時間をつくり出し、社外に出ては取引先を開拓したり、さまざまな人と会って新しいアイデアを吸収したりしているのだった。顔を知られることは、会社の中でも外でも大切なのだという。

つまり、彼女の昼食は、食事をすることが目的ではない。コネクションをつくり出し、新しいアイデアを生み、自分の顔を売る。いつも外出し、行動が結果を生んでいるから、彼女は誰からも〝強運な人〟だと思われている。

彼女は「自分の仕事は外で会社を売り込むこと」で、「自分のイメージは会社のイメージ」だと言う。だからこそ、外部の人からは運の強い人間のように見えていなければならないし、会社も運の悪い会社のように見えるわけにはいかないのだそうだ。

彼女のように雑事をまかせられるスタッフを持てる人はそう多くないだろうが、もし誰もいなければ、自分がいちばんやる気を出せる仕事に集中するようにして、それ以外のものはなるべく避けるようにしたほうがよい。

その理由は、成功したい人の多くは、すべての仕事を完璧にやり遂げようとして失敗するからだ。自分の得意な分野には意識的に磨きをかけ、不得意な分野は、それが自分のやりたい仕事と関係している場合は別だが、そうでなければ挑戦しないほうがよい。

どんな人でも、「なんでも得意」などということはあり得ない。自分の持っているエネルギーと時間は、弱点にわずらわされて浪費することなく、次の行動について考えたり、新しい機会を招くためのまとまった時間をつくり出すことに使ったほうがいい。

◈〝シンプル〟こそ効率の大基本！　五つのデスク管理術

ほとんどの人は、自分はある程度効率よく仕事をする能力があると思っている。だが、くだらない雑務で身動きがとれなくなってしまわないほど効率的かどうか、調べてみたほうがいい。あなたは、幸運を引きつけるために必要な時間が十分にとれているだろうか。

◎デスクの上には今何があるか

書類がいくつも山積みになっているようでは、効率よく仕事をしているとは言えない。非効率的な仕事は、無駄な時間があることを意味する。

◎二日後、三日後は何をしているか

生活をできるだけシンプルにし、一週間以内のスケジュールくらいは常に頭に入れておく。そのためには、スケジュール帳などはシンプルなものに限る。大きなゴテゴテした重いものは必要ない。私は一カ月の予定が一目で見られるものを使っているが、それを夜寝る前にざっと見て、翌日オフィスに着いてからもう一度チェックするようにしている。

◎一つの仕事をするのにどれくらいの時間をかけるか

一つの仕事にはまり込んで、いつまでたっても終わらない人がいる。その結果、五つの仕事をやるはずだったのに、二つしかできないまま一日が終わってしまったというようなことになる。職種によっても違うだろうが、私の場合は一日の仕事時間を三十分単位に分け、一つの作業が三十分以上かかっても終わらない場合は翌日に回すようにしている。一日かかって一つのことを完全に終わらせるより、五つの仕事に着手できたほうがずっといい。

◎今ある本やファイルのうち、本当に必要なのはどれくらいあるか

不必要なものを山ほど持っている人がいる。本棚、ファイル棚、デスクなどがそういうものでいつも取り散らかっているようでは、運の強い人間にはなれない。一年間に一度も開かなかった本、一カ月に一度も見なかった書類、一週間に一度も見なかったメモ、そんなものはあなたに必要ない。どうしてもとっておきたい本だけはまとめてしまっておいてもいいし、大事な書類はファイルしてしまっておくべきだが、そうでないものは処分する。集中力を散漫にする原因となるものは最小限に減らし、仕事場の環境をすっきりさせる。

◎電話のメッセージにはいつコールバックするか

たくさん電話がかかってくる人は、そのつど全部にコールバックしていたら、一日かかっても仕事は一つも終わらない。新たな用件の電話はたいてい午前中にかかってくるから、そういう電話に対するコールバックは午後にまとめてするのがよい。私の場合、いつも五十人ほどのライターと仕事をしており、その人たちからの連絡のほか、関係各社の渉外課や編集者、記事を書く時に情報をもらっている専門家、それに加えてライター志願者などからも毎日何十件もの電話がかかってくる。当然、重要性の低い用件にコールバックするのは後回しになり、一日か二日後になることもまれではない。

◈仕事の〝でき〟がそのまま表れるオフィスの雰囲気

オフィスがきれいに整頓され、きびきびして見えるということは、二つの意味で重要だ。一つは、そのほうが仕事をするうえで実際に効率がいいということ。仕事の効率をよくするのは、時間を管理するカギであり、時間の管理は幸運を引きつけるためのカギである。

二つ目は、きれいなオフィスは来訪者に好感を与えるということ。散らかっているオフィスを外部の人間が見れば、仕事ぶりも混乱しているような印象を受ける。病院の手術室を想像してみてほしい。器具や装置が整理整頓されずに取り散らかっている、床も汚れている、書類があちこちに散乱している、そんな病院で手術を受けたいと思う人はいないだろう。

◈必要なことに集中するための〝焼き芋戦術〟

気を散らされるのは、強運の大敵だ。邪魔が入って仕事が中断すれば、終わるのが遅くなる。日々の仕事が終わらなければ、新しい機会をつかまえるための時間がとれない。強運な人たちは、邪魔を撃退するためにいろいろな手を使っている。

話しかけられても、聞いているふりをしながら仕事から手を離さない。一応話には応じるが、はっきり時間を区切る。邪魔をする人間が入ってきたら自分は部屋から出ていってしまう。来客用のソファーに仕事を持っていってそこでやる、などさまざまだ。

ミューチュアル・ファンド（株の投資信託）の資金運用責任者をしている知人の場合は徹底している。彼はこう言っている。

「私は、会いたい人にはこちらから会いにいく。もし仕事中に誰かが邪魔しにきたら、できたての焼き芋みたいに扱うことにしている。できたての焼き芋は、熱くて長くは持っていられない。左右の手で交互に持ち替えてみたり、空中に放ったりしても、結局放り出してしまうよね」

◈これを守れば、あなたは必ず〝強運人間〟になれる！

私が研究した〝強運な人たち〟は、みなタイプは違っても、行動の仕方に非常に共通するものがあった。そこでこの章では、彼らの行動パターンを七つのタイプに分け、それらの一つひとつについて説明してみたい。

あなたも彼らの行動パターンを学び、そのうちの一つまたはいくつかをマスターすれば、運の強い人のように行動することができる。

もちろん、彼らのようになるのは簡単ではないだろうが、人間の態度や行動もスポーツやダンスの体の動きと同じで、時間をかけて繰り返し練習すればしだいに身についていき、そのうちに考えなくても自然に振る舞えるようになるものだ。

これらの七つの行動パターンは、それぞれ際立った特徴を持っているが、共通している点は、あなたをいい意味で目立たせ、人に覚えられるようにするということだ。

ここで忘れてならないのは、「素晴らしい機会」というのは、向こうからはやってこないということ。なんらかの方法を用いてあなたのほうからつかまえにいかない限り、手に入れることはできない。

あなたもこれら七つの方法を身につけ、素晴らしい機会をつかまえてほしい。

6

人に〝困った顔〟を見せるな

もし、働きづめに働かなければ成功しないのだったら、私は金庫破りでもするよ。
ヘニー・ヤングマン（アメリカのコメディアン）

◈なぜ、あのモハメド・アリが〝実力〟以上の力を出しきれたのか？

アメリカでは、一生懸命働いていることを隠して悠々としたふりをしていられる人は、畏敬の目で眺められる。

この傾向は、特にプロスポーツ選手や芸能人を見ると顕著である。例えば、メジャーリーグのピッチャーが完封を成し遂げたり、スーパーボール（フットボールの優勝決定戦）では、休む間もなくパスを投げ続けていたクォーターバックが疲れも見せずに自ら走ってタッチダウンを決め、勝ち越しの決勝点をたたき出すようなシーンを見れば、大観衆が熱狂する。

モハメド・アリは最高のボクサーであったばかりでなく、間違いなく二〇世紀の生んだ最も偉大なスポーツマンの一人だったが、彼が多くの人から愛されたのは、激しいトレーニングを積んだことや、苦しい試合を勝ち抜いてチャンピオンになったことが理由ではなかった。

彼は当時「蝶のように舞い、蜂のように刺す」と言われたように、いとも軽々と相手を倒し、それで楽々とチャンピオンになったように見えたからなのだ。試合を見ていた人は、彼のように少しも疲れを見せずにリング上を十五ラウンドも舞い続けることが、誰にでもできるかのような錯覚に陥ったものだ。

困難なことを苦もなくやってのける人を崇《あが》める傾向は、一般の人たちの生活においても変わらない。職場で毎日何十人もの部下を動かして、疲れをまったく見せない管理職。仕事を変わるたびに、たいして時間をかけているようには見えないのにいつもいい仕事を見つけてくる友人。こういう人たちが苦労を少しも見せないことにみな驚嘆してしまうのだ。

たとえ素晴らしいことを成し遂げても、いかにも「苦しんでやっています」というような姿を見せた者は、感心されることはあっても、崇拝されたり熱い視線を浴びることはない。

大衆は、苦しんでもがいたり、汗まみれになってのたうち回ることなど夢見ない。だから、尊敬する偉い人たちから「富と名声を得るのにそんなことは必要ない」と言ってもらいたいのだ。いかに苦労して一生懸命働いているかを見せつける人は、見ていても楽しくない。

なぜかというと、そういう人は「あんたも成功したければ、私のように不安や苦しみをさんざん味わわなくてはいけない」と言っているように見えるからだ。人はみな、死ぬようなつらい思いをすることなく快適で幸せになれる道はないものかと思っている。

つまり、成功するには有能でなければならないが、〝強運〟になるには人間的な魅力が必要なのだ。一例をあげれば、心に余裕があってよどみなく演技をこなすことができる舞台俳優は、たとえその時の演技が完璧でなくてもたいてい観客から喝采を受ける。好かれてさえいれば、観客は常に味方になってくれるのである。

アカデミー賞女優、ウーピー・ゴールドバーグがブロードウェイに出演した時、舞台に慣れていなかったために、誰の目にも明らかなミスを何回か犯した。だが彼女は、とちるたびにそれを笑いとばして満場の拍手喝采を受けていた。これがもし、とちった時に焦ったり、深刻な顔を見せたりしていたら、ファンを失っていたに違いない。

それと同じで、「人生がいかに大変か」というネガティブな面ばかり見せていると、人との間に隔たりが生じてしまい、その溝はなかなか埋めるのが難しくなる。舞台と観客との関係はその縮図だ。私は〝サウンド・オブ・ミュージック〟でマリア役を演じたことで有名なブロードウェイのベテラン女優、レベッカ・ルーカーと舞台裏で話をしたことがある。その時、彼女は「観客の拍手を受けることは、素晴らしい演技をするのと同じくらい大切だ」と言っていた。彼女の言葉を少し要約してみよう。

「客の雰囲気は、その日によって違う。仕事の帰りで疲れているのか、椅子の座り心地が悪いのか、あるいはただ単に機嫌が悪いのか、なぜかはわからないが、時々観客がノッていない日というのがあって、そういう日の客は演技の粗捜しに来ているのではないかと感じることすらある。だから、客の雰囲気は早めに察知して、なんとかノセるようにしなくてはならない。だがそのためには、強く印象づけようとしていつもより大きな声で歌ったり、大げさに演技したりしても効果はない。大切なのは、自分がその役を演じて素晴らしい時間を過ごしているという気持ちを観客に伝えることだ。それがうまくできれば、客は必ず応えてくれる」

◈人に〝心の動揺〟を全く見せない本物の千両役者

仕事で成功するには、スケジュールを守り、強い責任感を持ち、質の高い仕事をし、リスクを負わなくてはならない。だが、その過程では、時にはがっかりすることも、拒否されることも、失敗することもあるだろう。そのような挫折を味わった時に、憔悴したり、腹を立てたり、屈辱を感じたりするのは、人間の性《さが》である。誰だって、自分の至らなさをわざわざ思い知らされたり、屈辱を味わわされたくはない。

だが、人生に待ち受けるそのような困難を笑いとばすことができる人もいる。もちろん彼らも仕事には真剣に取り組んでいるのだが、それにもかかわらず、失敗や挫折によって前進できなくなるほど深刻な打撃は受けていないように見える。本当は受けているのかもしれないが、少なくとも外見からはそう思えないのだ。

彼らだって、落胆や屈辱は感じているに違いない。だが、彼らのどこが普通の人と違うのかというと、彼らはそういう感情によって立ち往生してしまう時間が短く、心の痛手から回復するのが早いのである。

たとえ人生最大とも言えるような打撃を受けたとしても、たじろぐことがなければ、他人が見るとその人は軽々と人生を生きているように見える。そして、そういう人は、強運な人に見える。そして、強運な人には協力する人が現れる。

だが、人生を軽々と生きているように見える人は、なぜ強運に見えるのだろうか？　それは、ほとんどの人は心の奥に「自分は能力が足りないのではないだろうか」という不安を持っているからだ。

心の底から自分に自信がある人間などめったにいない。程度の差こそあれ、誰でも何かしら不安なことが多少はあるものだ。例えば、ファッション界のいわゆるスーパーモデルといわれる人たちでさえ、内心ではいつも「ほかのモデルのほうが自分より魅力があるのではないか」と思って落ち着かないし、一見自信たっぷりに見える映画スターでさえ、内心は不安でいっぱいなのだ。

さらに、どんな人でも時には自分の能力を疑うことはある。誰でも不安や弱点や、子供時代からずっと引きずって隠し続けている〝傷つきやすい部分〟がある。社会的にいくら成功していても、内心では自信がない人はたくさんいる。

だからこそ、間違えても侮辱されても失敗しても、まるでへこたれないで平然としている人間を見ると、「すごい」と思う。感情を逆なでされるようなことを言われても平気で受け流せるようになれば、恐れを知らない人間だと思われる。そういう人には何か特別な力があるように感じられるのだ。つまり、神経質になったり自信喪失に陥りそうになる気持ちをコントロールする能力こそ、人生をたやすく生きているように見せるための重要なテクニックの一つなのである。実はこの二つのこと（神経質になることと自信を喪失すること）こそ、強運の最大の敵なのだ。

NBCのゴールデンアワーの人気トーク番組〝トゥデイ〟の司会をしているマット・ラウアーは、私が知っている最もリラックスしている男の一人だ。

その形式張らない気楽な態度を見れば、普通の人なら怖じ気づいてしまうような有名人や大物政治家と対談してもまったく平気だろうという印象を受ける。この番組の人気が高いのは、彼は頭が切れるうえ、親しみが持て、難しい対談でもさも気楽そうにやっているからだ。

緊張が生じそうな場面でもリラックスできるようになるには、どうしたらいいのだろうか。彼が私に語った言葉を要約してまとめてみよう。

◎気持ちが落ち着かなくなる状況が予想される場合には、前もって十分準備をしておく

相手がヒラリー・クリントンであろうがベストセラー作家ジョン・グリシャムであろうが、前の晩までに十分な下準備を終えていれば、緊張したり神経質になることは絶対ない。知らないということこそ、神経質になったり不安になることの最大の原因なのだ。注意深く準備してあれば、未知

のことにも対処しやすくなる。対談相手のことは、前もってよく知っていればリラックスできるものだ。

もっとも、トーク番組の司会という仕事では、下準備をあまりしすぎるのもよくない。例えば、対談相手のことをたくさん暗記しておこうとすると、かえって本番で思い出そうとするほど思い出せなくなってしまうものだ。私は相手について知らないことも適度に残しておくようにしている。そうすると、対談中に相手の話をちゃんと注意して聞くし、ちょうど普通に話をする感じになってリラックスできる。予備知識をたくさん持って相手を感心させようとするより、心が通い合えるような関係をつくり出すことのほうが大切だ。

◎初めて話をする相手でも、〝自分の番組のゲスト〟なのだと想像する

どんな仕事でも言えるだろうが、たとえミスをしても、そのために自分のペースを失うわけにはいかない。私がトーク番組で自信を持って気楽にやれる理由の一つは、私が司会をしている番組は〝私の番組〟だから、言ってみれば自分の縄張りだからだ。

このことは、どんな場合にも当てはまると思う。誰でも自分の縄張りにいて、外部からやってきた人と話をする時には、そうでない場合と比べてずっと自信を持って気楽にやれるはずだ。だから、あなたも人と話をする時、相手は自分の番組にきているゲストなんだと思えばいい。

番組では、ゲストがわが家のリビングルームにいると想像することにしている。そうするとたち

まちリラックスできて、それは態度や仕草にも表れる。どんな状況のもとでも、そういう心の持ち方をつくり出すことは誰にでもできるだろう。

◎自分のミスを〝人ごとのように眺める〟のも一つの手

トーク番組の司会という仕事では、何か一つミスを犯しても、それについてくよくよ考えている暇はない。対談のゲストは毎回何人もいるから、そんなことをしていたら次の相手でまたミスをしてしまう。そこで私は、もしミスを犯したら、まるで自分はテレビを見ている視聴者の一人であるかのごとく、自分のミスを人ごとのように眺めることにしている。

というのは、自分では五分間も続いた大失敗だと思うことでも、テレビを見ている人にとっては、ほんの五秒間音声が途切れたのと同じくらいの印象しかないことも多いからだ。あなたも、失敗についてあまりくよくよ考えるようなら、「多分、そのミスを覚えているのは、あるいは気にしているのは、自分しかいないんだ」と自分に言い聞かせるといい。この世に完全な人間はいないし、あなたが完全でなくても不思議はない。

ミスをしても、そのために立ち往生してしまわないためにもう一つ重要なのは、けっしてごまかそうとしないことだ。ミスを認める勇気を持つことが大切だ。人はミスを犯した人を非難することはできないはずだ。だが、同じミスを二回繰り返したら、その時は厳しく非難されるだろう。一度ミスを犯して恥ずかしい思いをすることほどいい経験はないのだ。

◈「自信」は大事だが、「うぬぼれ」には気をつけろ

いい人生を生きているように見える〝強運な人〟たちが、「私が成功したのは才能があったからだ」と自分で言うことはまずほとんどない。むしろ彼らは、自分を実際より少し低く見せようと腐心していることが多いのだ。実はこれこそ、彼らが人から好かれる秘密なのである。もし彼らが、「人生はいかに簡単か」と吹聴して回っていたら、協力しようとする人は誰もいなくなってしまうだろう。

「私は能力があるので助けてもらう必要はない」と言っているかのような人間を、助けようとする人は一人もいない。自分のことを自慢すればエゴイストに見える。傲慢《ごうまん》に振る舞えば敵をつくってしまい、失敗するのを見たがっている人たちに格好の標的を与えてしまう。あまり高く上がりすぎると、墜落するのを見たがる人間がたくさん現れるのだ。

私は自分の経験から、人が他人の成功を願うのには一定の限界があることを学んだ。その限界を超えると、今度はみなその人が失敗することを積極的に願うようになる。いくら人生を軽々と生きているように見せることが大切だといっても、ある一線を越えると、見ている人は自分の足りない点を思い知らされ、今度は敵意にも似たものを抱くようになってしまうのだ。

このために、才能もあれば頭脳も優秀なのに大きな機会を逃した人を、私はたくさん知っている。

彼らはあまり自分を高くかかげすぎたために、人から崇められるかわりに、妬《ねた》みと嫌悪感を招いてしまったのだ。

つまり、大切なのは、「自信」と「うぬぼれ」の間にある一線を知ることである。人生を楽々と生きているように見せながらも、かつあまりやりすぎないためには、自分がすでに持っているものに対する「感謝の心」と、いまだ持っていないものを正しく認識する「敏感な感覚」が必要だ。

そのためには、「自分が達成してきたことなど、すべて一瞬のうちに水泡に帰してしまうこともあり得るのだ」と悟ることだ。それができれば、自信過剰になったり、協力してくれるかもしれない人に自分の幸運を見せつけるような愚かな失敗を防ぐことができる。

◈「今までの苦労はすべて、この絶好の機会のためだった」と思える人

マット・ラウアーによれば、楽に生きているように振る舞っても人生が順調にいかない場合は、しばらくなるがままにして様子を見たほうがいいと言う。何をしてもうまくいかない時には、しばらく自分を休めて、しかしあきらめてしまうのではなく、「今はうまくいっていないが、そのうちに必ずうまくいく」と自分に言い聞かせるといい。

マットは、NBCの仕事を手に入れる前は何をやってもうまくいかなかった。なぜダメなのか、自分でもよくわからなかった。全米のさまざまな局で、さまざまなタイプのトーク番組に司会とし

て雇われたが、対談相手の反応はいいのに視聴率は低く、いずれも六カ月でお払い箱になった。いつもタイミングが悪くて、番組のタイプに合っていなかったのだ。

ある番組は中高年層をターゲットにしていたので彼は若すぎたし、ある番組は中流保守層をターゲットにしていたので彼は斬新的すぎた。ある地方局の番組では、彼は都会的すぎた。つまり、いつも何かがかみ合わなかったのだ。

八〇年代末から九〇年代初めにかけて、彼は続けざまに五つの番組を降ろされ、司会の仕事から撤退せざるを得なくなった。その結果、一年半も失業してしまい、マンハッタンのアパートも家賃が高すぎて出る羽目になった。

郊外の小さな家に引っ越し、電話が鳴るのを待ちながら、自分は何がいけなかったのだろうとさんざん考えた。たまに電話が鳴ることがあっても、オファーされるのは程度の低い仕事ばかり。貯金の残高も減ってきて、何かアルバイトでもしなければ、と考え始めた。

ある朝、犬の散歩がてら新聞とコーヒーを買いにいこうと外に出ると、街路樹の伸びすぎた枝を切るための作業車が歩道わきに停まっていた。ふと見ると「従業員募集」という札が窓にかかっている。そこで、その電話番号を手帳に書き留め、家に帰ってから電話してみた。留守電だったので、自分の名前と電話番号をメッセージに残しておいた。

三時間ほどして電話が鳴った。タイミングからいって、街路樹の枝切り作業の返事に違いないと思った。彼は本当にその仕事を始める気になっていたのだ。

だが、その電話は、NBCのニューヨーク地方局、WNBCの重役秘書からだった。モーニングショーの司会を探しているが、面接を受けてみないかというのだ。

そして一カ月後、彼は再びスタジオでカメラの前に座っていた。しかも、今度はニューヨークという全米一のマーケットだ。

彼にとって、一年半の失業は非常につらかった。大学を卒業してからというもの、彼は自分のほうから仕事を探したことなどなかった。それまでにした仕事は、すべて向こうからのオファーだった。だが、それらの仕事をすべて失った時、もう彼の手には何も残っていなかった。

だから、WNBCのために働くことになった時、朝六時に始まるモーニングショーと夕方五時のニュースという二つの生放送を受け持つ過酷なスケジュールも、喜んで引き受けた。そして、懸命に頑張りながらもリラックスした態度で仕事を続け、ついに夜のゴールデンアワーのトーク番組の司会を射止めたのだ。

一年半の失業は、「すべてを失ってしまうこともあり得るのだ」ということを教えてくれた。最近では、友人たちから「もっと今の地位をエンジョイして有名人らしくすればいいのに」と言われるのだが、自分一人の力で今の地位を築いたのではないことを知っているから、とてもそんなことはできないという。彼の義父は、いつも「自分で職探しの苦労をしてみるまでは、本当に働く人間の仲間入りをしたとはいえない」と語っていたという。最後に彼はこうつけ加えた。

「毎朝ベッドから起き上がるたびに、私のために人がしてくれたことに感謝しない日はないよ。それに、私がふらふらしないでしっかり両足で立っていられるように支えてくれた家族がいたことも、とても幸運だったと思う。ちょっとぐらい有名になったからといって、スターみたいな振る舞いをしたら、たちまちみんなから総スカンを食らってしまうよ。私は人間が好きだし、自分がつらい経験をしたことがあるから、つらい思いをしている人たちを見ると、彼らを尊重したいという強い気持ちがわいてくるんだ。だからスタジオの中でケーブルを担ぐ仕事をしている人たちとも、チーフプロデューサーと同じように仲良くやるようにしている」

◈エゴにならず〝自分本位〟の人生を送る方法

これまでに述べてきたことでもわかるように、「運が強い」と人から思われるようになるには、たやすくやってのけているように見せながらも、成功することで周囲の人たちを不快にさせず、むしろ気分がよくなるようにしてあげなければならない。より心地よく、よりリラックスさせてあげれば、人はあなたのほうへ引き寄せられ、力を貸してくれるようになるのだ。

エゴイストになることなく人生を楽に生きているように見せるためのヒントを、次にいくつかあげてみよう。

◎自分が〝自分であること〟を楽しむ

マット・ラウアーによれば、自然に振る舞う方法を人に教えるのは不可能だということだが、自分に対して正直になり、無理して本当の自分とは違うもののように見せようとしないことによって、人をリラックスさせることはできる。そのためには、自分に対して大きな自信を持っていることが必要だが、それは人が思うほど難しいことではない。自信とは、生まれつき備えている特別な能力ではなく、自分にはどんな強さやいいところがあるかを認識し、人から批判されても自分がやりたいことから意識をそらすことのない能力のことを言うのだ。

自分の持っている能力や才能に自信が持てて、人の批判に対しても自己防衛的にならず平気でいられるのは、自分が自分であることに居心地がいい時だけである。誰でも「自分はいい仕事をした」と思う時には自然にリラックスでき、他人から見ても楽に生きているように見える。

その反対に、人の反応やネガティブな批判にくよくよ悩み苦しんでばかりいれば、無意識のうちに自分でもそういうことを信じるようになっていく。そして自信を失い始め、そのことを隠すために自分を本当の自分とは違うものに見せようとする。彼は面白い話をしてくれた。

「ニューヨークのWNBCで仕事をオファーされた翌週、私は番組制作のプロデューサーに電話して尋ねたんだ。『一カ月後にスタートすることになっているんですが、番組の進め方とか、ニュースのアンカーのやり方について、コンサルタントと相談したほうがいいでしょうか?』ってね。そうしたら、『おいおい、何を言っているんだ。ぼくたちは、きみが普通のアンカーと違うからこそ採用したんだよ。きみのスタイルを変えてもらっては困るよ。何一つ変えないでくれ』って言われたよ」

◎相手が自分に対して「気分がよくなれる」ようにする

例えば、「どうしていますか？」「調子はどうですか？」などのように軽い言葉で声をかけて、相手の状態を聞いてあげたり、ほめてあげることによって、人々が自分に対して気分がよくなれるようにする。もちろん、見え透いたお世辞はよくない（六五ページの「ほめ上手」の項を参照のこと）。

こういう行為が逆効果にならないためには、自分の言葉が相手にどんな影響を与えるかを常に考えていなければならない。相手をポジティブな気分にさせてあげることができればできるほど、あなたは自信があってリラックスしているように見えるということを理解してほしい。

◎自分を〝少し卑下する〟ことで相手は親近感を持つ

トップクラスの資産運営コンサルタントであるマイケル・ストルパーは、多くの資産家や成功者たちをクライアントに持っている。彼によれば、資産運営コンサルタントとして成功するにはまず服装が大切で、センスのいい高い服を着て、だがやりすぎないことが肝心だという。

つまり、彼の触れるものはすべて金《きん》に変わると人々が思い始めたら、今度はそのイメージを少し落とさなくてはいけないのだそうだ。どうやるのかというと、スピーチをする時に「この商売のいいところは、私程度の知能指数でも生計が立てられる点でして……」とか「私は働きづめに働いてきましたが、成功したのはただ運がよかったからなんです」などとやる。

このように少し卑下することで、聴衆は親近感を持ち、彼にできたことは自分にもできるのではないかと思うようになるのだという。彼はまたこうも言っている。

「大衆というのは、金持ちをうらやむ気持ちがある一方で、ある面では『どうせ親が金持ちで、遺産を相続したんだろう』とか、『たまたま何かのことで幸運が転がり込んだのに違いない』とか、『もともと特権階級の人間なんだろう』などと思いたがるものだ。

だが、もしそう思われてしまったら、誰も協力してくれなくなる。特権階級の人間を助けてあげようと思う人はいないからね。だから、自分を多少卑下して、みんなと同じ不安や恐れを持っている普通の人間なんだと認めてしまうんだ。自分を笑ってみせるのは少々つらいかもしれないが、長い目で見れば人から好かれ、ビジネスでもずっといい結果が出る」

◎友人に対して陰、日向なく誠実である

あなたが友人を裏切らないことをみなが知れば、重要な人も一目置くようになる。〝誠実〟というのは、助けてくれた人にはいつも味方になってあげ、親切にされたらこちらからも親切を返すということだ。そうしてお互いの人生を楽にするようにすれば、人はあなたに協力してくれる。

また、友人の味方をするということは、時には汚れ役もやるということだ。あなたが自分の身を犠牲にして友人を支える人間だとわかれば、一見楽に生きているように見えていても、自分だけが成功すればいいと思っているエゴイストではないことがわかる。そして、友人をかばう人間だとわかれば、みなあなたの友人になりたがる。

友人に誠実であることは、とりたてて宣伝しなくても日頃の言動で微妙にわかるものだ。私の知っている強運な人たちは、まずけっして友人の悪口を言わない。そして、助けを求められたら、それが自分勝手な要求でない限り、絶対に助ける努力をする。その際の唯一の条件は、相手がお互いに助け合える人間かどうかということだ。

◎リスクを頭に入れたうえで、正直にものを言う

地位が高くなったり、財力が増してくるにつれ、本当のことを言ってくれる人を見つけるのが難しくなってくる。そしてイエスマンばかりに囲まれ、耳に心地よいことばかり聞かされることになるものだ。

だから、もしあなたが自分に確信があり、恐れずに本当のことを言うことができるなら、力のある人間は（もし賢明な人なら）あなたの勇気を買ってくれるだろう。もっとも、正直であることは当然大きなリスクをともなう。古代より、悪い知らせを伝えて暴君に殺された使者はたくさんいるのだ。正直に、だが礼儀正しく、そして勇敢であるのと同時に相手の気持ちを尊重する繊細さがな

くてはならない。

◎とにかくネガティブな人間を避ける

いくらあなたが肯定的に生きようとしても、まわりの人間がそうさせてくれない状況のもとでは、それは不可能だ。したがって、もし運の強い人生を生きようと思うのなら、常にストレスを減少させてくれる人たちの中に身を置くように意識的に努力する必要がある。

先ほど例に出したマイケル・ストルパーは、どんな犠牲を払ってもネガティブな人たちを避けるようにしているという。彼は「ネガティブな人たちとつき合うとろくなことがないから、ポジティブな人としかつき合わない」とはっきりしている。彼によれば、ネガティブな考えや言動は伝染するというのだ。彼はこう言っている。

「世の中には、ネガティブなエネルギーを発生させるのが大好きな人たちがいる。そういう人たちのつくり出すネガティブな環境に入ってしまうと、建設的な考えはすべてつぶされてしまう。だから、もしあなたが楽しく生きようと思うなら、そういう人たちを人生から追い出してしまうことだ。何かのテクニックを身につけることによって彼らのネガティブさを乗り越えようとしても、それは不可能だ。そういう人間たちは、きっぱりと、そしてできる限り早く、自分の人生から取り除く以外にない。

もし私が、彼らと会うのが嫌だから、そこには行きたくないと感じたとしたら、結局私の人生は彼らにコントロールされてしまっていることになる。そんなのは受け入れられない。もしあなたが人生を好転させ、運の強い人間になりたかったら、ポジティブな考えの人たちと知り合えるように本気で努力し、自分を何かの犠牲者のように言ってばかりいる人や、明らかにあなたを妬んでいるような人との接触を最小限に減らしたほうがいい」

◎敵対している人のことは敵と考えず、ただの「気難しいお客さん」くらいに考える

強運な人は、敵意のある人や妬む人に影響されることがない。そのような人たちは〝気難しいお客〟なのだと考えるようにして、彼らのネガティブな世界に引きずり込まれることのないようにしている。気難しい客と接する時には、個人的な感情を交えず、努めて事務的に処理して、できるだけ早くお引き取り願うようにするのが常識だ。ストルパーはこう言っている。

「もちろん、そのネガティブな人が職場の同僚や取引相手だったら、避けることはできない。そして残念ながら、そういうケースのほうが多いのが現実かもしれない。そういう場合は、その相手かあなたのどちらかが部署を変わるとか、会社を辞めない限り、その人とは毎日顔を突き合わせたままだ。けれども、もしそういう人を自分の敵対者と考えてしまったら、あなたは彼らの言動にいちいち腹を立て、限りなくエネルギーを費やさなくてはならない。でもそういう人は、いくら変えようとしたところで変わりはしないのだ。

そういう人は〝気難しいお客さん〟だと思って、無駄なことにエネルギーを費やさないことだ。

誰でもやってみれば、自分で思っているよりもずっと冷静さを保つことはできるものだよ。そして、冷静になれれば、あなたは楽にやっているように見える。楽にやっているように見えれば、人生は実際に楽になってくるものだ」

7

人を味方にする〝磁石《カリスマ》〟を身につけろ

偉大な人は、つまらぬ人を扱う時の扱い方でその偉大さがわかる。

トーマス・カーライル（思想家・歴史家）

◈その「揺るぎない確信」に、人は「何かやる人」のオーラを感じとる

自分をカリスマ的だと思っている人はほとんどいないし、たとえ思っていてもそれを公《おおやけ》に認めることは絶対ないだろう。普通の人は、カリスマ性とは何やら恐ろしい強力な力で、自分にそんなものがあるわけはないと思っている。

また、それは魔法のように人を引きつけて自分を好きにさせる強い力のことで、体つきや髪の毛の色と同じように、生まれつき備わっているものとも考えられている。

だが、現代のカリスマ性というのはそのように摩訶不思議で恐ろしげなものではなく、たくさんの人を引きつける強い人間的魅力のことだ。誰でも意識的に努力することによって、自分の性格を

今よりもずっと魅力的にすることはできる。そして、今よりもっと人を引きつけるようになれば、〝いいこと〟が起こる機会もずっと増えてくる。異常なカリスマ性は異常な人たちを引きつけるだけだが、適切なレベルのカリスマ性は適切な人たちを引きつけ、短時間にあなたの運を向上させるのに役立つ。

カリスマという言葉の語源は古代ギリシャにまでさかのぼり、神から受けたスピリチュアルな恵みの賜物を表す〝カリス〟だとされている。これが印刷物に初めて登場したのはギリシャ語訳の新約聖書で、それが英語に取り入れられたのは、宗教改革後の一六四一年のことだ。

神話や宗教以外でこの言葉を初めて使ったのは、ドイツの社会学者マックス・ウェーバーで、一九二二年に書かれた論文に登場している。そこでは、「大衆の想像力をとらえ、自分に対する不動の忠誠と献身を鼓舞するような雰囲気を持つリーダーの資質」という意味で用いられていた。

この基本的な概念は、太古の昔より現在に至るまで、数千年たっても変わっていない。いつの時代でも、人々がカリスマ的な人物を畏敬の念を持って眺めるのは、彼らの一見魔法のような引力のためである。人間には誰でも、「人から認知されたい」とか、「誰かにやる気を起こさせてもらいたい」、「強い人についていきたい」などの願望がある。カリスマ的な人というのは、そのような精神的ニーズを一方的に満たしてくれる強い個性を持っている。

だが、現在私たちが一般的に使う「カリスマ性」という言葉は、そのような「強烈なリーダーシップ」という意味を超えて幅広い意味で使われている。逆に言えば、優秀なリーダーの中にもカリスマ的ではない人はたくさんいるということだ。

現代社会では、人々をリラックスさせることができて、かつ人を引きつける力を持った人のことを、広い意味で〝カリスマ的〟ということが多い。

アメリカの歴代大統領の中にはカリスマ的な人物がたくさんいるが、最近ではレーガンやクリントンが代表的だ。レーガンは、家庭内では父親として失格だったことが今では広く伝えられているが、つらい思いをして育った息子のロンですら「あの視線で見つめられると、つい拒否できなくなった」と回顧している。

レーガンにとって、カリスマ的な雰囲気を醸し出すのはたやすいことだった。あの容貌に加えて、人の警戒心を解くような表情、そして光を放つような微笑みは、多くの人々を安心させて引きつけるすごい力を持っていた。

カリスマ的な人間は、なぜ人を引きつけるのか？　私たちがカリスマ的な人間に初めて接するのは、おそらく高校時代である。並いる生徒の中には、たまにみなの注意を引く、〝カッコいいやつ〟がいる。オレもあいつみたいになれたら、とみなが思い、友達になりたがる。だがほとんどの生徒は到底そのようにはなれず、なかなか友達にもなれない。その人と親しそうにしている連中を見ては羨ましく思うだけである。

だが、社会に出て、カリスマ的な人間に出会えば、彼らは安心して近づかせてくれるし、受け入れてくれる。そしてエネルギーを与えてくれさえするのだ。

広い意味でのカリスマ性を持つには、自分の語る言葉に心底揺るぎない確信を持ち、「この人は見せかけではなく本物だ」と人を信じさせる力がなければならない。そういう人間と接した人は、その人の思うようにしてあげなければいけないような気持ちになり、また、その人から温かく接してもらうことによって、親しい身内に迎えられたような、かつ自分の考えや意見が認められた気分になるのだ。

◈知らず知らず人に協力させてしまう〝不思議なパワー〟の持ち主

このように、カリスマ的な人間は精神的にも外見的にも、人の心をとらえて離さない均衡のとれた魅力をにじみ出している。周囲の人は、その力に触れて自分も影響を受けたいと願うため、その人に協力してしまう。それは、その人を喜ばせることが、たとえ一瞬でも自分の存在を知ってもらう最善の道のように感じるからだ。

また、カリスマ性が〝運の強さ〟を連想させる理由は、それらはともに人知を超えた不思議な力によってもたらされているように見えるからだ。カリスマ的な人がたくさんの機会を引きつけ、あるいは自らつくり出すことができるのは、彼らは何かを〝予期している〟ような雰囲気を持つからだろう。

ダイナミックな人間は、無言のうちに「私は人から好かれるだろう」「私は前進するだろう」「私は採用されるだろう」「私は成功するだろう」などのシグナルを発している。また彼らは、もし私たちが協力すれば、その価値を理解してくれ、私たちの貢献を最大限に活用してくれるに違いないと感じさせてくれる。

それゆえ、人々は彼らに対してできる限り協力することが多く、彼らは何事につけいい結果を得る可能性が高い。それは〝カリスマ性〟がその人を強運に見せ、そのために素晴らしい機会を引き寄せるからだ。

◈〝カリスマ人間〟だけが持つ独特の「情熱」と「謙虚さ」

さて、多くの人は、〝カリスマ性〟も〝運の強さ〟も、ともに生まれつき備わっているものと想像するが、実はそうではない。それらはともにいつでも練習して身につけることができるものであり、わずかなカリスマ性でも身につけば大きな結果をもたらす。

カリスマ的な人は、出会った人を引きつけて献身的な忠誠心を勝ちとるような、独特な行動をする。その技術は、若い頃自然に身につけたものか、もしくはもっと年がいってから習得したかのどちらかだ。ほとんどの人は、いくら練習したところで歴史に残る政治家のようなカリスマ性を身につけることはできないかもしれないが、少なくとも今の状態よりは自分を向上させ、人にアピールするようにはなれる。

そのためには、まず、カリスマ的な人とそうでない人はどこがどう違うのかをよく観察することだ。たとえあなたは生まれつきダイナミックな人間ではなかったとしても、練習によって「情熱」と「謙虚さ」をともに備えることができれば、カリスマ的な印象を与えることができるようになる。「情熱」とはエネルギーの高さの表れであり、高いエネルギーを持った人間には人が注目する。「謙虚さ」は人との間の垣根を取り払い、近づきやすくて人に好かれる人間をつくる。カリスマ的な人間の秘密は、この二つをともに備えている点にある。

この二つは、ともに単独では悪い結果しかもたらさないこともあり、二つが結びついていることが絶対に必要だ。例えば、あまり情熱的すぎても、やたらと興奮しやすく粗野なイメージを与えてしまうし、謙虚なだけではただ気が弱いように見えてしまうこともあるだろう。両方備わっていて初めて、人は引かれ、心を開くのである。

この二つを身につけるには急いではいけない。それはちょうど、髪の毛を染める時に、一気にやってしまうと、やったのが見え見えで不自然な感じばかり与えてしまうのと同じだ。性格も、少しずつ変わっていくことによって、自分にも他人にも自然となじんでいく。

カリスマ性は細かい行動の隅々に表れ、人々との結びつきを強める。人々に強烈な印象を与えるので、まわりが引きつけられる。そのダイナミックな個性は、どのような方法でつくり上げることができるのだろうか。次にいくつか例を示してみよう。

◎握手の仕方一つでその人がわかる

信頼と友好の気持ちを表すために固い握手を交わす習慣の起源は、数千年も前にさかのぼる。どのような握手の仕方をするかを見れば、その人の性格や、どれほどの人物かがある程度わかる。私の知るカリスマ的な人物は、みな握手をする時にはがっしりと相手の手を握り、それが強い印象を与えるために大切なことだと考えているようだ。

だが、すべての人間が大きくてがっしりした手をしているわけではないし、特に女性は、普通そのように男同士のような握手をされることをあまり好まない。私の知っているあるカリスマ的な人物の話では、握手で失敗しないためには、初めからあまり腕を前に突き出さず、少し引いておいて、相手との距離が十分近くなってから、相手の手に向かって自分の手を軽く押し出すようにするといいという。確かに、そうすると両者の手がしっかり合わされ、変な握り方になって気まずくなることがなく、エネルギーと熱意を静かに表現することができる。また、両者の手が合わされた直後に相手の手を握りしめれば、とてもいい感じになる。

◎レーガン元大統領の「巧みな視線の使い方」

人と話す時には、相手の目から目をそらさないようにする。これは意外に難しい。しゃべる時に目を閉じたりそらしたりする人は非常に多く、言葉を探す時につい視線を外したり、自意識過剰で落ち着かないために目を合わせることができない人もいる。だが、そういう仕草は、自分が居心地悪く感じていることを暴露しているにすぎない。目を合わせるのには、相手に注目していることや、相手の意思表示を聞き取る意思のあることを示す重要な意味があるのだ。

視線の向け方について考える時、レーガン元大統領のテクニックは参考になる。彼はいつも、相手がしゃべっている間は正面に立ったまま口を閉じて下を向いている。そして相手の話が終わりかける瞬間を見計らって顔を上げ、あたかも「あなたの言うことはよくわかります。おっしゃる通りです」と言わんばかりの表情で相手の目をまっすぐに見る。そして次に、その人の左右に並んで立っている人の目を見る。こうすることによって、相手は自分ばかり見つめられる居心地の悪い思いをせずにすみ、また同時に、並んでいる人たちも会話に参加している気分にさせられる。

このレーガン元大統領のような巧みな視線の使い方は、そうたやすく身につくものではないが、もしあなたが人前で話したりパーティーで知らない人たちと打ち解けるのが苦手だったら、あらゆる機会をとらえて意識的に練習し、視線の向け方を学んだほうがいい。

◎人の名前を覚える（できたら子供の名前も）

名前を聞いたら、すぐ復唱して確認するようにして、その場ですぐ頭の中にたたき込む。同じ名前の有名人や地名や、何かの物の名前になぞらえて覚えるのもいい。

◎自分の感情を過不足なく表現する

引っ込み思案で感情を表現しない人間にカリスマ性を感じることは絶対にない。自分がしゃべっているときには感情を込め、かつその時の表情は豊かでなければならない。両手の動き（ジェスチャー）は、聞き手に強い印象を与えるのに役立つ。それは、あなたの話を相手によく覚えさせることができるからだ。

また、無理をしてでもネガティブな話し方はしないよう心がける。あなたは人々を鼓舞してその気にさせようという積極的な意思を持っている、と相手の目に映る必要があるからだ。また、タイムリーな話題にも精通していることが必要だ。新聞などはいつもよく読んで時事には詳しくなっているべきだが、受け売りはダメで、自分自身の意見を持っていなくてはならない。

◎ウイットは「頭が切れる」ことの証明

誰でも、笑わせてくれる人は好きなものだ。それは笑うと気持ちがいいからだ。だから、楽しい人には魅力を感じる。誰でも内心、自分にもっとウイットがあればと思っている。なぜなら、ウイットがあるということは、可笑《おか》しいと同時に頭が切れるということであり、それが人にポジティブな影響を与えるからだ。

ウイットがある人というのは、本もよく読んでいるし、さまざまな分野のたくさんの知識がある。カリスマ性を生み出すのになくてはならないのは、ユーモアのセンスと誠実さだ。

◎〝発電機〟になる

カリスマ的な人は、みなとてもエネルギーがある。まるで体内に発電機を持っているかのように、周囲に向かって電流を発散しているように感じられる。

◎つねに〝相手のニーズ〟を先に満たしてやる

カリスマ的な人が部屋に入ってくると、居合わせた人の注意を引きつけるが、彼ら自身は常に自分ではなく他人のことに気を使っている。カリスマ性で最も重要なことは、人々の心を引きつけ、気持ちを鼓舞する点にあるが、そのためには自分のニーズではなく、常に人のニーズを先に満たしてあげるよう心がけることだ。つまり、カリスマ性とは自分を売り込むことではないのである。だから、彼らはみな聞き上手だ。あなたも他人の心を大切にし、自分ばかり話さず相手に話す機会をたくさん与え、その人が自分自身であることに気分よくなれるよう協力してあげるといい。

次に、人の気分をよくしてあげるための方法をいくつかあげてみよう。

◎ほめる時には、相手の個人的なことを具体例にあげる

人をほめるのにはリスクがともなう。嫌みに聞こえたり、「またうまいことを言って……」などと思われる可能性もあるからだ。そうなったらこちらの誠意や善意が伝わらないばかりか逆効果だ。

あまり一般的な言い方をしたり、焦点のぼけたことを言うとそうなる危険性が高い。ほめる時には、相手の個人的なことを具体的に言ったほうがいい。

私たちが人をほめるのは、相手によく思ってもらいたいことだけが理由ではない。根本には、相手によくしてあげたいという気持ちがあるはずだ。だから、もしほめるのなら、ほめるに値する具体的なことを見つけてほめるべきだ。そうすれば、ずっと強い印象を与えることができ、感謝もされるだろう。

◎相手が自信のなさそうなことには気を使う

人と話をする時には、その人が自信がないと思えることや、劣等感を持っていそうなことには気を使ってあげるべきだ。それには相手の顔の表情や仕草、あなたの言葉に対する反応の仕方などを注意深く見るといい。ほめられてもかえって恥ずかしがって引っ込み思案になってしまう人もいる。人が大勢いるところではなく、一対一になった時にほめたほうがいい場合もある。

◎「自分は彼らをどう思うか」を優先させる

活動的な人の中には、恥ずかしがってばかりいる内気な人間は我慢できないという人もいる。彼らの言い分によれば、そういう人は要するに自分のことばかり考えているというのだ。つまり、内気な人というのは「みな私のことをどう思っているのだろうか」とか、「みなは私の態度にどう反応するだろうか」などとばかり考えているからはっきりした態度をとらないのだと……。

その真否はともかく、内気さを克服するには、ほかの人たちが自分をどう考えているかを気にするかわりに、「自分は彼らをどう思っているのか」と考えたほうがいいことは確かだ。そして「さあ、声をかけてみよう」と自分に言い聞かせるといい。自分のことではなく、これから会おうとしている人たちのことに集中することによって、自意識過剰で身動きがとれなくなる状況から解放され、相手に何を尋ねたらいいかを考えることができる。

もう一つの方法は、前にも述べたが、自分はパーティーのホストだと思ってみることだ。自分がホストなら、人をもてなすのに忙しくて、恥ずかしがっている暇はない。人をもてなす時には、居心地が悪そうにしている人を探して、その人を楽しくさせなくてはならない。そういう人の気持ちをほぐして会話に引き入れるのが仕事だとしたら、自分が居心地が悪く感じていることなど忘れてしまうだろう。

いずれにせよ、初めて会う人たちと、いきなり親しく会話を交わすなどということを期待するべきではない。無理してそうしようとしても、失敗するのがオチだ。ある有名な女性テレビ司会者の話では、カリスマ的な人間は必ずしもパーティー上手ではないという。彼らはパーティーに行くと、まず知っている人を探して、たいていその人と話を始める。するとその人は、カリスマ的な人を直ちにほかの人に紹介せずにはいられなくなる。すると紹介された人は、そのカリスマ的な人に引きつけられていくというわけだ。

◈積極的に生きている人は、この〝共鳴箱〟を持っている

ニューヨークに住んでいる私は、毎朝地下鉄で出勤している。私が乗るのはタイムズ・スクエアとグランド・セントラル・ステーションの間の短い距離を往復しているシャトルだ。電車はタイムズ・スクエアで客を全部降ろすと、そこで一、二分停まって、反対方向に行く客が乗り込んでくるのを待っている。そして時間がくると車掌はドアを閉め、電車は再び戻っていく。

最近、私は新しい車掌の不思議な行動に気がついた。電車が発車しようとする寸前に駆け込んでくる客がいると、彼はその人が乗れるようにドアを閉めるのを数秒待ってやっている。反対に、発車寸前にゆっくり歩いてやってくる客には、その人の目の前でドアを閉めてしまうのである。

なぜだろうと不思議に思い、私はその車掌にわけを聞いてみた。彼の答えはこうだった。

「なんとかして乗ろうとしている人を見ると、つい助けてやりたくなる。一生懸命努力している人が好きなんだ。だけど、それほど必死で乗ろうとしない人は、別にその電車でなくてもいいのだろう。それなら、私も待ってあげる必要はない。次の電車に乗ればいいんだよ」

その車掌の話を聞くにつれ、私は世の中には彼と同じような人がいくらでもいることに気がついた。彼らはみな、一生懸命頑張っている人がいれば、喜んで助けてあげようと待ちかまえているのだ。

次の例は、いつもあふれる情熱をにじませ、そのために素晴らしい恩恵を享受している男の話だ。その男の名はジャムといい、カリブ海に浮かぶセント・バーツ島を観光で訪れたことのある人なら、彼のことは誰でも知っているに違いない。彼はその島のセント・ジーン村という集落で、素敵な葉巻の店をやっている。

常連が訪れると、彼はキューバ・コーヒーを入れてくれたり、一本五〇〇ドルもする三〇年もののラム酒のワン・ショットを注いでくれたりする。

そんな彼の店で葉巻を買ってたわいもない話をするために、自家用小型ジェット機でやってくる金持ちもいる。私はニューヨークで、彼のことを知っているという人に何人も出会って驚いたことがある。

彼の人気の秘密は、その素晴らしい情熱と謙虚な人柄にある。誰が店に来てもいつも上機嫌で、同じように人なつっこく話しかける。当然のことながら、店は大繁盛している。彼はチュニジアの出身で、生まれは貧しく、そのため今の生活に満足しているのだという。奥さんと子供を心から愛している幸せ者で、そのうえ人が好きだから、自分の幸せを分かち合いたくなるのだそうだ。

初めて店を訪れる客は彼を知らないため、微笑みかけられると真面目な顔をしたり、よそよそしい態度をとったりする人もいるが、店を出る時までには必ず機嫌がよくなっている。

彼はまた、自分の個性が人にどう影響するかを観察するのが好きなのだという。たまに、彼のそういう態度のためにかえって無口になってしまう人もいるが、二、三回来ればそれが彼の本当の姿なのだということがわかる。ジャムの言葉を少しそのまま引用してみよう。

「情熱というのは伝染するんです。熱意のある人に話しかけられると、人は初め、『こいつは何かもくろんでいるのではないか』とか『私の警戒心を解かせて、何か奪おうとしているのではないか』などと思って不安になることもあるのですが、何もないことがわかると、その人も熱心に話すようになってくるものです。

情熱は商売にも役立ちますが、それは情熱があれば商売が楽しくなるからにすぎません。この島には葉巻屋はほかにもあるし、カリブ海諸島のどこにでもあります。うちよりもっと大きな店もたくさんあります。でも、みんながここに来てくれるのは、きっと、葉巻を買うことだけが目的ではないからですよ。何カ月もたってから、ただ『元気か』と尋ねるために電話してくれる人もいます。家に帰ってから、プレゼントを送ってくれる人もいます。みんな私と話したことで幸せになり、私もみんなと話せて幸せです。情熱は人の心を結びつけ、その結果、人は幸運を運んでくれます」

情熱を表現することがなかなかできない人もいるが、幸運を引き寄せるためにそれは絶対に必要なことである。何かに一生懸命熱中している姿は、誰でも若々しく生き生きとしている。その時、あなたの意図と願望は明確になっており、そうなれば力になってくれる人も増えてくる。自分がしていることに、あるいは人生そのものに熱中している人を見るのは、誰にとっても気持ちがいいからだ。彼らは生き生きとしてエネルギーがあり、そういう人を助けると、自分も「生きている」という感じがしてくる。

◈情熱の炎にも〝適切な温度〟がある

とはいえ、情熱を見せれば必ず人に好かれるかというと、そうではない。今紹介したジャムのような人もいる一方で、押しつけがましかったり、本心からの情熱でない人もたくさんいる。そういう人のいきすぎた親密さは、かえって人を警戒させてしまう。情熱というのは、温かみがあって、人を招き寄せる雰囲気がなくてはならない。押しつけがましいのは、心をほぐしてあげるべき相手に嫌気《いやけ》を起こさせてしまう。

だから、熱心さを見せるには、初めは控え目にしたほうがよい。熱心さには人を誘惑する側面があるべきで、あまり強く押しつけると「何か下心があるのではないか」とか、「興奮しやすいみたいだから、判断力が信頼できないかもしれない」などと思われてしまう。

本人が自分からその気になるようにしむけ、あなたは相手を困らせるようなことはしないということを示さなければ、いくら熱心に説き伏せても、人があなたに共感することはない。

例えば、早口でまくしたてるのも、あまり早足で歩くのも、情熱的には違いないが、いい印象は与えない。何かをごまかそうとしているのではないかとか、あるいは真実から目をそらさせようとしているのではないかと思われてしまうこともある。

◈「運の強い人」の熱意の表し方には、こんな特徴がある！

私たちが人生で本当にコントロールできるものは、次の二つしかない。それは、①自分の示す態度、②自分でする努力、である。そして、情熱にはその両方が直接反映している。だから、情熱的な人は気持ちの持ち方がポジティブで、人に気配りをしていることが伝わってくる。多くの強運な人たちは、情熱の重要さを知っているばかりでなく、その強さにはいろいろなレベルがあることもまたわかっている。

いい情熱とはどういうところににじみ出るものか、そのヒントをあげてみよう。

◎〝いい笑い方〟をする

いい笑いは人の心に残る。それは、あなたが温かい人間であることを示し、困難にもへこたれない人間、人生がうまくいっている運の強い人間だというメッセージを送るものだ。

私が知っている強運な人たちは、みなできる限り意識的に微笑むようにしている。ある知人の弁護士は、毎日五分間、鏡の前で笑い方の練習をするそうだ。彼は「バカみたいだが、実際に役に立つ。信じない人は、一、二週間毎日やってみればいい。違いがわかるから」と言っている。

いい笑いは、人に覚えられるということのほかにも副産物がある。それは、自分をもっと好きになることができ、いやでもリラックスするということだ。人間は、笑いながら腹を立てたり、憔悴したりはできないからだ。

◎〝熱意〟も状況に合わせて表現の仕方を変える

状況が違えば、情熱の表現方法も違ってしかるべきだ。例えば、物静かで控え目な人をあまり熱心に説き伏せようとすると、かえって信用してもらえないことが多い。そういう場合には、相手と同じレベルに自分を落ち着かせて接しないとうまくいかない。

やりすぎて失敗しないためには、まず控え目な態度で始め、相手の反応ぶりに合わせて自分の情熱の表現レベルを上げていくようにするといい。

◎相手の目をしっかり見る

クリントン前大統領と話したことのある知人はみな同じことを言う。彼の不思議な魅力の秘密は、情熱が感じられるところにあるというのだ。彼の政治資金募集スタッフをしている弁護士の奥さんによると、彼と話をすると、彼のことを好きな人も嫌いな人もみな気分よくさせられてしまうのだという。

それは、彼が相手の顔をまっすぐに見つめて、その人が言わんとしていることに興味を示しながら聞いてくれるように見えるからだ。一度に大勢の人と会って、一人ひとりとは数分言葉を交わすだけだから、きっと話の内容まではちゃんと聞いてはいないのだろうが、相手から見れば、まるですべて聞いて理解してくれているように見えるのだ。そのため、話をした相手は、まるでクリントンは自分と会うだけのためにやってきたように感じてしまう。

彼女が会った時には、部屋には五十人ほどの人がいたのだが、あとで話してみるとみんな同じように感じたと言っていたそうだ。

すでに述べたように、相手の目をまっすぐに見て話すのはなかなか難しいものだ。あまり長く見つめすぎても相手を居心地悪く感じさせてしまうし、または「あなたの言っていることが理解できない」という意味に受け取られることもある。

視線の使い方をうまくするには、しゃべり始める前に必ず一度相手の目を見るよう習慣づけるとよい。次に、相手が一区切りしゃべり終えたら、自分がしゃべり始める前に三つ数えるつもりで一息置き、相手の目を見る。こうすると、相手の言ったことをしっかりと聞いて意味を理解したという印象を与えることができる。

相手が言い終えるや直ちにしゃべり始めたり、言い終える前にしゃべり始めるのは、相手に対して失礼であるばかりでなく、言ったことをちゃんと聞いていなかったと受け取られる。口を開く前に三秒待つだけで、相手に満足感を与え、あなたに対して心を開かせることができるのだ。

◎自分のことより〝相手のこと〟について熱心になる

生まれつき情熱的でない人でも、情熱的な人の真似をすることはできる。熱っぽく語るのが下手でも、熱っぽく聞くことはそれほど難しくないはずだ。だから、まず自分のことを熱心に語るのではなく、たくさん質問をして、相手の言っていることを熱心に聞くようにするのがコツである。相手はあなたが熱意のある人だと感じるはずだ。

そのためには、相手がしゃべっている時に話をさえぎらないようにする。相手はあなたが熱心に会話に入り込んでいると受け取め、あなたの熱意を理解する。もちろん、自分のことについて話すべき時が来たら、胸を張って話せるように準備しておかねばならない。

けれども、自分よりも相手のことにたくさん興味を示し、自信は内面に蓄えておいたほうが、相手からは情熱的に見えるものだ。

カリスマ的な人間とエゴイストを混同してはいけない。自分のことばかり語ろうとしないで、「聞いてもらいたい」「注目してもらいたい」という相手の願望を満たすよう努力するほうが大切なのだ。

自分にではなくほかの人たちに絶え間なくスポットライトを当ててあげることによって、その人たちは自分自身に対して気分がよくなり、ひいてはあなたに対してもいい感情を抱くようになる。そして、さらにあなたに引きつけられれば、みなあなたに協力することを惜しまなくなるだろう。

8

裸になって〝人の懐〟に飛び込め

天才の秘密は、年をとっても子供の心を失わないところにある。
アルダス・ハクスレー(詩人・小説家)

◈人は、こんな人に〝一肌も、二肌も〟脱いでくれる

いくら豊富な知識があり、仕事の経験があっても、それだけでは人から「こいつのために一肌脱いでやろう」と思われるには十分ではない。そこには別の要素がいくつか必要だ。その一つが「無邪気になれる能力」である。

すでに述べたが、なんでも知っているような顔をすれば気分がいいかもしれないが、それではほとんど必ずといっていいくらい、機会は訪れなくなってしまう。

一方、子供のような天真爛漫さを見せるというのは、自分を無防備な状態に置くことでもあり、力を貸してくれる人に対して、少しだけ劣っているように見せるということでもある。実は、これ

が非常に大切なのだ。

人は、あなたより多少優れていると感じるからこそ、機会を与え援助もしてくれる。あなたは優秀ではあるが、ちょっと無邪気すぎて危なっかしい。だから「力を貸すに値する」のだ。

「無邪気さ」と「無知」とは同じではない。「無邪気さ」とは「正直」、「純粋」、「単純さを好む」などの要素が合わさったもので、その人の能力とは無関係である。

無知とは読んで字のごとく、バカということだ。無知であってはならないが、子供のように無邪気な好奇心を示すのは、時としてとても大切である。

子供はわからないことは納得しないいし、なんでも知っているような顔もしない。心がオープンで邪心がないので、大人のように「こんなことを聞いたらバカにされるかもしれない」などと考えることがなく、なんでも恐れずに質問する。

おかしなことに、人間は年をとって人生経験が増えれば増えるほど、知らないことがあるとそれを認めず、知っているようなふりをしたがる傾向がある。

また、年をとるほど知識を誇示したがるようになるが、そこには大きな落とし穴がある。そのように振る舞えば振る舞うほど、人は何も教えてくれず、力を貸してくれなくなる。それはなぜか?

答えは簡単。なんでも知っている人に助けはいらないからだ。

その反対に、「ほんの少し未熟で、だが向上しようと努力している」人を見れば、たいていの人は助けてあげようという気になる。なぜなら、そういう相手なら助けても自分にとって脅威にはならないし、助ける時には優越感が得られて気持ちがいいからだ。

◈「完璧人間」より「少しだけ未熟な人間」に人は力を貸す

子供はなんでも知りたがる。そして「なんで?」「どうして?」と親を質問ぜめにする。難しいことはわからないから質問をやめないのだ。

だが大人は「見下されたくない」という気持ちが働くため、知らないことを尋ねたり、わからないことを「わからない」と言うことがなかなかできない。また、自分がどれほど物知りかを示して、人を感心させたいという気持ちもある。

だが、もしあなたが子供の持つ好奇心の素晴らしさを再発見し、その価値を理解したなら、知らないことを尋ねるのを恥ずかしいと思う必要などまったくないことがわかるだろう。むしろ、子供のような好奇心を持っている人は、新しく知った事柄に驚き、喜び、ますます生き生きとなる。

このように子供の心の持つ純粋さを失わないためには、意識的にいつも心を開いていることが必要だ。何かに秀《ひい》でた人や、成功した人の多くは、ビジネスや創作活動で自分の知らないことに出会うと子供のような好奇心を示す。

世界最大の生花配達チェーンを築いたジム・マッキャンは、「事業が急発展を遂げる時というのは、誰でも考えつきそうな単純なアイデアがきっかけになっていることが多い。そういう単純なアイデアをものにする人としない人の違いは、ものにする人はほかの人たちより少しばかり好奇心が強く、『なぜだろう』という疑問に答えが与えられるまで問いかけをやめない点にある」と言っている。

好奇心を示すには、自信と勇気が必要だ。多くの人は、何かを知らないことを認めれば見下されて、〝いい機会〟を得るのに不利だと思っている。だが実は、単純なことを質問できるのは、自分の能力に自信があるからなのだ。

ニクソン元大統領を辞任に追い込んだことで有名なウォーターゲート事件をすっぱ抜いた、ワシントン・ポスト紙の当時の編集長、ベン・ブラッドリーはこう言っている。

「なんでも知っている〝完全な人〟よりも、知らないことが多少あったほうがいい。あまりたくさん知りすぎているより、たくさんの事について少しずつ知っているほうが人生は楽になる。いい意味でみんなちょっとばかり同情してくれて、教えてあげようという気になってくれるからね。

私はいい大学に行ったが、期間は短かった。入学してすぐ第二次世界大戦が始まってしまったので、三年間行っただけなんだ。それで、特定の分野の高度な専門家にはなれなかった。だが、結果的にはそれがよかった。先輩の大ジャーナリストがこう言ったことがある。『ジャーナリズムの真髄は、広く、浅く、ということだ』とね。あらゆることについて知りすぎていると、何が重要なのかを判断することはできなくなるからね」

◆相手に「よくぞ聞いてくれた」という気にさせるのがミソ

簡単なことにもあっさり自己流の結論を出さず、人に質問すれば、あなたは少々うぶに見えるだろう。すると相手は相対的に自分を世慣れているように感じる。こういう関係においては、相手はあなたに脅威を感じず、自尊心が守られて気分がいいため、あなたに援助の手を差し伸べやすくなる。

例えば、会議やミーティングで、誰かが簡単なことについて質問したとする。ほかの人たちはたいてい、そんなことを聞いた人がいることに最初は驚くが、よく考えてみれば自分も同じような疑問を抱いていたことがわかると、その「驚き」はたちまち「安堵」に変わる。すると、みんなが聞けなかったような単純な質問をあえてした人は、居合わせた全員から感謝される。

人にものを尋ねるという行為は、少なくともその件に関しては相手を尊敬していることを表明している。だが、それをもう少し深く見てみれば、その行為は相手に解説するチャンスを与えているということになる。

自分の知っていることを人に解説するのに悪い気がする人はいない。その時、質問した人に対しては「よくぞ聞いてくれた」という気持ちが起きている。また、誰かが単純な質問をしてくれたおかげで、難しい問題が解けるきっかけになったということもよくある。

単純な質問が幸運をもたらすもとになるということは、ベン・ブラッドリーも認めている。「こんなことを言っても信じないかもしれないが、私はそれほど政治的な人間ではないんだ。だから我々がウォーターゲート事件をすっぱ抜いたのには、政治的な動機などなかった。私はただ、いったいホワイトハウスでは何が起きているのか、真実が知りたかっただけだ。

そういう時、私はたくさん時間をかけて徹底的に調べる。何が正しくて何が間違っているのかを判断するのは、そのあとだ。あの事件では、我々は運がよかった。ニクソンは初め、私たちを簡単につぶすことができると考えていたが、できなかった。我々は敵に救われたようなものだよ。彼らは、真実を追求するために単純な質問を繰り返す人間たちの力を見くびりすぎたのだ」

◈「相手の優れた点」を見つけてやることが、結局自分のためになる！

子供のような好奇心とは、「見たり聞いたりすることに全力で意識を集中させること」にほかならない。自分がいかに優れているかを示そうとするのではなく、ほかの人たちがいかに優れているかを見出そうとするほうが、はるかに生産的で自分のためになる。

では、どうすればそれができるようになるのだろうか。次にいくつかヒントを示してみよう。

◎いい意味で〝単純人間〟になる

作曲家で歌手のボビー・マクフェリンは、グラミー賞を十回受賞した経歴を持つベテランだが、子供のような好奇心を持って新しいことを学ぼうとする態度をいつも忘れない人だ。一九八八年に有名な「ドント・ウォリー・ビー・ハッピー」の大ヒットを放ったあと、大きなリスクを冒して、違うジャンルのオーケストラの指揮とオペラの作曲に挑戦した。

彼はもともとオーケストラの指揮には興味を持っていたが、本気で挑戦するきっかけとなったのは、その年の夏、マサチューセッツ州タングルウッドで毎年開かれているクラシック音楽のフェスティバルで、かの有名なレナード・バーンスタイン（訳注…戦後最大のオーケストラ指揮者と言われている）に出会ったことだった。

フェスティバルのあと、彼はバーンスタインに手紙を書き、指揮のレッスンを受けさせてもらえないかと頼んだ。翌年の夏、バーンスタインはマクフェリンをタングルウッドに招待して話を聞き、それからマサチューセッツにある彼の音楽センターで三週間にわたる授業を受けさせてくれた。それればかりでなく、バーンスタインは個人レッスンまでしてくれた。

マクフェリンは音楽一家に育ち、楽譜も読めたが、さまざまな楽器がたくさんのパートをいっせいに弾くオーケストラの複雑な譜面にはたじろいだ。そこで彼は、そのことを臆面もなくバーンスタインに訴えた。バーンスタインはマクフェリンがジャズシンガーであることをよく知っていたので、彼の不安を理解してこう言った。

「ボビー、心配しなくてもいい。ジャズと同じことだよ。ただ楽器の数が多いだけさ」

世界一の巨匠からそのように言われたマクフェリンは急に気が楽になり、その後はのびのびと存分に学ぶことができた。

バーンスタインの言葉はまた、マクフェリンが自分の感覚でクラシック音楽を自由に解釈し、指揮をしてもいっこうにかまわないということを教えてくれた。「私がもし、バーンスタインに強く印象づけてやろうとしてやっきになっていたら、彼から多くを学ぶことはできなかっただろう」とマクフェリンは語っている。

バーンスタインに勇気づけられたマクフェリンは、その後、世界中のいくつもの著名なオーケストラでゲスト・コンダクター（招待指揮者）を務めた。そして、一九九五年にはミネアポリスのセント・ポール室内交響楽団に招かれて〝クリエイティブ・コンダクター〟の地位を与えられ、その地に家族とともに移り住んだ。

彼は現代的でユーモアのある自分のスタイルをクラシック音楽に持ち込み、大人にも子供にも熱狂的に受け入れられたのだ。

「いい意味で単純になるというのは、とても大切なことだ。何をするにしても、自分の中にある子供の部分を大切にし、内面の心に耳を傾けることによって、素晴らしい成果を引き出すことができる。子供がやっていることをよく見てみるといい。子供は尽きることのない驚きとインスピレーションの塊《かたまり》だ。自分について、また、人生で本当に大切なのは何かについて教えてくれる」とは彼の言葉だ。

◎〝カギとなる人〟が興味を持つまで質問を続ける

生花を配達するフランチャイズチェーンを全米に築いたジム・マッキャン（前出一四五ページ）は、さらに事業を発展させたいと願っていたが、それには外部からの援助が必要だった。一九八九年、アトランタで直販業界の経営者が集まるセミナーがあり、彼はCNN創始者であるテッド・ターナーがスピーチをするというので聞きに出かけた。

セミナーの後、マッキャンはターナーをつかまえて、CNNとそのビジネスのやり方について質問攻めにした。そのうちにターナーはうんざりしてきて、質問に答えるかわりに「きみはどんなことをしているのか」と尋ねてきた。そこで彼が自分の会社について説明を始めると、ターナーはたちまち興味を示してこう言ったという。

「お若いの、きみのビジネスを電波に乗せて、もう少し上のレベルにいけるかどうか、試してみようじゃないか」

それから少したって、彼の会社はCNNからいい条件でコマーシャルの時間帯を与えられた。彼はその日、二つの重要なことを学んだという。その一つは、「もし、重要な人から〝助けがいのある人間〟だと思われれば、機会はどんどんやってくる」ということ。

そしてもう一つは「好奇心旺盛で、かつ生意気でないなら、援助の手はいつか差し伸べられる」

ということだった。彼は、もしあの時、強引に自分の会社を売り込もうとしていたら、テッド・ターナーを怒らせてけんもほろろにされていただろうと言う。

では、愚か者のように見えることなく質問するにはどうすればいいのだろうか。一つの例として、マッキャンはいつも、「正直言って、あなたの業界のことはあまりよく知らないのですが、一つだけお尋ねしたいことがあります」というような聞き方をするという。要するに、理知的であるところを見せつつも相手の警戒心を解かせ、自分のほうに興味を向けさせるということだ。そして、相手に「この男に少し教えてやろうか」という気を起こさせたら成功だ。

◎質問に対する相手の答えをよく聞く

子供のような好奇心を発達させるには、質問をするだけでは十分ではない。質問は、相手との関係を始めるための、単なるきっかけにすぎないのだ。あなたの質問に対して相手が答えるにつれ、あなたの好奇心はますます強くなっていかなくてはならない。

運が強くない人は、相手の答えをよく聞いていない。相手がしゃべっている時に、「次は何を聞こうか」と考えていたり、相手の答えにつけ加えて何か賢そうなことを言おうとする。だがそれでは「こざかしい」と思われるだけだ。

〝聞き上手〟は忍耐強い。彼らは相手の答えの中で、〝本当にためになる話〟は最初の数分間には登場しないことをよく知っている。その反対に、すぐ相手の話をさえぎって自分がしゃべろうとする人は、〝ためになる話〟を聞き損なう。忍耐強い〝聞き上手〟は、相手の話がほぼ終わりそうになるまで次の質問をするのを待っているか、または話が終わっても少し間を置き、言われたことをじっくりかみしめている様子を相手に示すことを忘れない。そのようにされた相手は、さらにもっと教えてあげようという気になってしまう。

ベン・ブラッドリーも、こう言っている。

「私の父はよく言っていたよ。『太古の時代より、知恵は静寂を必要とする』とね。人の言ったことに対してすぐ何かを言ったり、その場で直ちに自分の意見を述べたりするのは、実はそれほど重要なことではないんだよ。よく、人が何かを言うと、すぐ答えたり意見を言おうとする人がいるが、時には何も言わないほうがいいこともあるんだ」

9

条件をつけるな、〝見返り〟を期待するな

もしあなたがいい人生を生きたければ、
人の人生をよくしてあげなさい。

ブッカー・T・ワシントン（教育者）

◈「見返りを期待しない」と〝いいこと〟が倍増する理由

妙な言い方だが、見返りを求めずに人のためになることをしてあげると、〝いいこと〟が起こる確率が倍増する。その理由は、まず第一に、人に寛大になったことで自分に対して気分がよくなる。すると、全般的に楽観的になってくるので、あなたと接する人は気分がよくなり、何かにつけ協力してくれるようになる。さらに、あなたが助けてあげた人は、あなたが見返りを求めていないことがわかると、かえって協力してくれるようになる。寛大さは伝染するのだ。

もちろん、自分にとって大切なものを見返りなしに人に与えるのは、たやすいことではない。それは物であれ、時間であれ、労力であれ、知識であれ、コネクションであれ、変わりはない。大切

なものというのは、普通、手に入れるのに苦労しているわけで、ひとたび手放してしまったら、同じものを再び手に入れるのは難しいかもしれないからだ。

それに、人に何かしてあげても本当に喜ばれるかどうかわからないし、助けてあげた人が礼も言わずにいなくなってしまうことだってあり得る。だから、ほとんどの人は、与えたものと同程度の見返りが保証されない限り、与えることには二の足を踏む。

だが、それは本当の寛大さでもなければ、気前のよさでもない。ヒモつきの贈り物をすることによって得られるのは、与えたものと同程度か、それ以下の価値のものでしかないのだ。ところが、真に物惜しみせず与えた人には、与えた以上のものが返ってくる。

私の知っている強運な人たちは、みなよく与える人たちだ。時間でも、お金でも、人脈でも、知識でも、惜しげなく与える。そして自分の好意が相手の人生に役立つようにと、喜んで協力する。

しかも、相手からは感謝されること以外、とりたてて何かを期待しているわけではない。だが、ここが重要なところだが、彼らは誰にでも気前よくしているわけではないのである。自分の援助によって利益を得ることになる相手は、厳選しているのだ。

それはともかく、彼らが人を助ける動機はまず第一に善意であり、自分が手にすることができた幸運を少しでも人に返したいという願望からである。だが、そのように無条件で人と分かち合うことの意義を学んだ人には、成功のチャンスがたくさん集まってくる。

◈これだけで物質的、精神的に〝大きな備蓄〟ができる！

人間には、自分や家族が生存し繁栄するために、ものを備蓄しようとする本能がある。そのため、必要以上にものをため込んだりする欲深い願望を持つのは、食料を確保することに生活のほとんどの時間を奪われていた数千年前の時代から変わらない。

その本能は、飽食の時代である今日でも衰えていないばかりか、ますます強くなっている。「与える人」になかなかなれない理由はそこにある。

大事なものを手放したくないと思うのは、気前よくすることに価値を見出していないからだが、もしあなたがそうだったとしても責められることではない。私たちが生きている社会では、あらゆるものに交換レートがつけられていて、何か仕事をすれば報酬をもらうのが当然だと思うし、欲しいものがあればお金を払って買わなくてはならない。

だから、人を助ければいつお返しをしてくれるだろうかと考えるし、レストランで相手の分も払えば、次回はその人があなたの分を払ってくれることを暗黙のうちにお互いが合意している。

つまり、この世はすべて〝等価交換〟が原則だ。人が与えたり得たりするものには、すべて値段か条件がつけられており、たとえ当人がはっきり言わなくても、それは暗黙の了解なのである。

さらに、大切なものを人に与えても、相手がそのことを理解し感謝してくれるかどうかわからない。そのため、ほとんどの人が他人のために何かをするのは、自分がしてあげたことが相手の役に立ち、自分の顔がつぶれないと感じた時だけだ。

例えば、相手が横柄だったり、助けてあげてもうまくやれそうでないと感じた時には、重要なコネクションを教えたりはしない。なぜなら、そんな人間を助ければ、自分の評判が悪くなってしまうからである。私たちは、何かしてあげてもダメそうな人間や、何かをしてあげたら自分に被害が及びそうな相手（たとえ本人にそのつもりはなくても）は本能的に感じとり、そういう人間のために何かをしてあげるリスクを冒すようなことはしないものだ。

だから、寛大さの意味を真に理解するには、人に何かを与えるという行為が自分にどんな利益をもたらすかではなく、相手にどんな利益をもたらすかについてよく考えなければならない。そして、あなたがその人を助ける動機が、「自分のために」ではなく、「その人のために」というものである限り、助ける相手は好きなように選んでかまわない。助けたくない人を助ける必要はないのである。だが、もし助けるなら、その時には相手の人生をなんとかしてあげたいという情熱が必要だ。

心と体の健康についての著作で有名な外科医のバーニー・シーゲルは、こんな話をしてくれた。

「数年前、思いがけない多額の臨時収入があったので、それを五人の息子にすべて分け与えた。その後まもなく、一人が金を貸してくれと言ってきた。不審に思って、『あの時あげた金はどうしたのだ』と尋ねると、その息子は、『外国から来ている貧しい友人が大学に行く金がなくて困っていたので、全部あげてしまった』と答えた。それを聞いて、私は頭に血がのぼった。『なんというやつだ、人がいいのもいい加減にしろ』と思ったのだ。だが、少したって冷静になってみると、私は自分の間違いに気がついた。そして、自分はなんと素晴らしい息子を持ったのだろう、と思い直した。私は息子に謝り、『いったんあげた以上、その金をお前が何に使おうと、お前の自由だ。私が口をはさむ筋合いではない』と伝えた」

彼はその出来事で貴重な教訓を得たという。それは、「自分が与えたものを、受け取った相手がどう使うべきか自分が指示しようとしている限り、それは本当の贈り物ではない」ということだ。

見返りを期待しないで大事なものを与えるのはつらいかもしれないが、もしそれができれば、ほぼ間違いなく、あなたは想像以上に感謝される。あなたがしてあげたことがヒモつきでないとわかれば、その親切はけっして忘れられることはないだろう。

真の寛大さは、あなたに対する相手の忠誠心を生む。早い話、店やレストランの人が親切でサービスがよければ、「またあそこに行こう」という気が起きる。同じように、誰かが純粋な気持ちで親切にしてくれたら、あなたはその人に好感を抱き、自分にできることがあれば何かしてあげようという気になるだろう。バーニー・シーゲルはこう言っている。

「同じ種類の人間は引き合う。寛大で気前がいい人は、寛大で気前がいい人を引きつける。そういう人たちは、お互いにいい影響を与え合う。欲張りで腹を立ててばかりいる人は、一緒にいると疲れてしまう」

シーゲルは、経済的に恵まれずに苦労しているアーティストの話を聞くと、時々出かけていって、絵を買ってあげるのだそうだ。彼によれば、アーティストというのは、他人に喜びを与えることで自分の生計を立てている人らしい。だから、苦労しているアーティストの生活を少しでも楽にしてあげるのに見返りは求めないという。そういうアーティストと知り合っただけで、人生が豊かになる気がするのだそうだ。

だが、寛大であることの恩恵はそれだけではない。寛大な人間は運が強く見えるのだ。気に入った人に自分の大切なものを与えるという行為は、相手に非常にポジティブな信号を送る。まず、与えることが平気な人は、物質的にも精神的にも「大きな備蓄がある」との印象を与える。さらに、「与える」という行為には非常にスピリチュアルな面があり、そのことは、世界中のどの主要な宗教や文化でも、慈善活動や不幸な人を助けることの大切さを説いていることでもわかる。純粋に「人に与える」という行為は、善であり神聖であるとされるのである。

◈「気前よく」するのも相手を見てから！

おそらく、人間の陥る最大の誤りは、まず、人に何かをしてあげたらすぐ見返りがあることを期待すること、そして次に、見返りには自分が与えたものと同程度の価値を期待することだろう。

だが実際には、なんらかの返礼を受けたとしても、ずっとあとになってからということもよくあるし、内容の点でバランスがとれていないと思うことも多いだろう。相手がお返しをしたくてもできない状態の時もある。

つまり、見返りを期待すると、いずれ落胆する確率が高い。それでは運が強い人間にはなり得ない。落胆は表情や態度に表れ、嫌悪感などのネガティブな感情を生み、それが周囲の人に伝わってしまうからだ。

人に何かを与えるには見返りを期待せず、真の寛大さと気前のよさをもってしなくてはならないのはそのためだ。いったん与えたら、そのことはもう忘れる。人に何かをしてあげることは、投資とは違うのである。投資だったら、損をしないように必死になるのは当然だ。

とはいえ、いくら人に与えることが大切だといっても、知り合う人すべてに与えていたら一文無しになってしまう。世の中には〝たかり〟の手合いもたくさんいる。際限なく何かを頼んできたり、金の無心にくる依存心の強い人たち、あるいは、初めからだますつもりの連中に、心を動かされたり甘い顔を見せるのは愚かなだけだ。

「気前がいいのと愚かなのは、まったく別だ」とは、あの寛大なシーゲルの言葉だ。彼はこう言っている。

「もし私が何かのビジネスをしていて、取引で契約通りの見返りがなかったら、相手を告訴してやるよ。寛大さというのは、与える側と与えられる側の気持ちが、その寛大さに値するものでなくては意味がない。与えるのは大変よいことだが、それは相手が、受け取った親切を建設的な目的と方法で活用する場合に限ってのことだ。例えば、私が何かをしてあげることが、本当の意味で相手のためにならなかったり、その人が他人の害になるようなことになるのなら、私はその人を助けてあげるわけにはいかないよ」

真に寛大になるには、自分が何をしてあげたかではなく、自分がしてあげたことを相手がどう活用するかについてよく考えたほうがいい。

◈「与えがいのある人に与える」ことが本人のためにも、自分のためにもなる

私は、テンプルトン財団の創始者で、慈善家として世界的に有名な大富豪ジョン・マークス・テンプルトン卿が、ある時私に語った言葉を忘れることができない。

「人に与えることの本当の報酬は、与えがいのある人に与えたあとに感じる『心温まる嬉しい気分』なのだよ」

このことは、誰にとっても真実に違いない。あなたが誰かに何かを与えた時、受け取った人が喜びを感じれば、あなたもそれと同じくらいの強い喜びを感じる。なぜなら、そのときのあなたは精神性が豊かになるからである。実は、それ以上重要なことは、本当は一つもないのだ。

運の強い人は、与えた相手が助かるような与え方をする。だから、与えることで自分のイメージや評判が上がる。現実的に言えば、これこそ最大の報償なのだとも言える。

それでは、彼らはどういう時に、人に援助の手を差し伸べるのか、いくつか例を示してみよう。

◎運の強い人は、人を選んで〝サポート〟する

いくら与えることが大切だと言っても、すべての人に与えることは不可能だし、またそんなことはすべきでもない。与えることの最大の理由の一つは、友達をつくることである。運の強い人は、もっとよく知りたい人のために何かをしてあげてサポートする。ある資産家の投資家は、私と昼食を食べながらこう言った。

「友人だと思っている人にはできる限り協力するし、可能な限り機会を与えてあげるようにしている。友人であるということは、その人の誠実さが信用できるということだから」

彼は第二次世界大戦が終わった直後に大学を卒業し、就職難の時代になんとか大手証券会社で職を得た。そして最初の年には、友人たちの職探しのためにニューヨーク中の証券会社や会計事務所を走り回った。

紹介料をもらいたかったからではない。その友人たちは、みなプリンストン大学時代の仲間だったからだ。紹介できた仕事はどれもたいしたものではなかったが、それでもみなとりあえず仕事を得て、将来の足がかりをつかむことができた。

それから五十年、今ではその友人たちのほとんどがビジネスで成功し、全国的に名前を知られた存在となっている。彼らは、出世していく過程で、彼に助けられた恩を忘れたことはなかったという。

そして、今度はあらゆることで彼を助けてくれた。彼は昔助けてあげたことについて見返りを求

めたことなど一度もなかったが、彼らは彼がしてあげたことよりはるかに多くのことをしてくれた。それは「驚くべきことだった」と彼は言う。友人だと思って親切にして、見返りなど望んでいなかったのに、与えたものよりたくさんのものが返ってきたのだ。彼はこう言っている。

「おかしいのは、私が助けて以来、彼らは私のことを運の強い男だと思っていることだ。私自身は、自分が強運だなどと思ったことは一度もないし、実際、今の地位にたどり着くためには、彼らよりずっとたくさん働いたんだよ」

◎雨が降ったら〝傘を差し出せる人〟になる

人は困っている時こそ援助が必要だ。だが、現実はほとんどの場合その逆で、人は最も支えが必要な時に見捨てられる。だから、そういう時に助けられた人は、けっしてあなたのことを忘れないだろう。だからといって、苦境に陥っている人を助けて自分が利益を得ようというのではない。目的は、あなたが価値を認める人が再び自力で歩けるように力を貸すということにすぎないのだ。

苦境に立たされている人を助けるのには、大きな勇気がいる。だが、もしそれができれば、その不屈の精神はあなたを強い人間に見せる。なぜなら、あえて危険を冒してまで自分の信念に従い、苦境に陥った人を助けるというのは、その人と同じような運命に陥ることのない人だけにできることだからだ。

知人に、テキサスで会社のオーナーをしている男がいる。彼は優秀なビジネスマンだが、人が困っている時に助けるのが非常にうまい。レイオフされたり職探しで苦労している人に手を差し伸べ、元気を出すように励まし、コンサルティングをしてあげることもある。彼はこう言っている。

「知らぬふりをしているのは簡単だが、そういう時にこそ小さな励ましが大きな力を発揮する。現実問題として、私が大金をプレゼントしてあげたり、仕事に戻してあげることはできないわけだが、精神的な援助をしてあげることはできる。将来が不安な時に必要なのは、精神的に立ち直るのに必要な励ましなんだ。

私ができるのはその程度のことだが、またやれる力を取り戻せば、みんな私がしたことをけっして忘れない。言っておくが、私は見返りがほしくて親切にしているわけじゃない。実際、多くの人はお返しなど何もしてくれないし、大変な時に無理してそんなことをする必要はないんだ。だが、その後の長い間には、就職希望者をよこしたり、素晴らしいビジネスの情報を教えてくれたり、ためになるアドバイスをくれたり、いろんなことがある。

人間、苦しい時に助けてくれた人のことは忘れないものだ。それに彼らは、自分が逆の立場だったら、そんな人を助ける勇気などなかったかもしれないとも思っている。それに、一度立ち直れば、みんな生涯のビジネス・パートナーになるものだ」

◎一度助けたら、その後も時々チェックしてやる

すでに述べたように、人が最も助けを必要としている時に助けてこそ、あなたは運の強い人間に

見える。だが、それだけでは十分ではない。その後も時々様子をチェックしてあげれば、あなたが本当に心配していることがさらにはっきりする。もしその人が真面目に働く人で、プライドがあるなら、一度助けてもらったのにさらにまた「助けてくれ」とは言えないに違いない。だから、あなたのほうから進んで様子を聞いてあげれば、ぐっと気が楽になるはずだ。そして、もしその人が、まだ助けが必要だったら、あなたは本当に感謝されるだろう。

一度だけ援助してあげてあとは知らん顔、というのではなく、あなたの援助がどれほど実際に役立っているかをチェックするのは、援助の〝質〟を考えているということである。それはちょうど、ビジネスのあとにはアフターサービスが必要なのと同じことだ。

例えば、誰かに人を紹介してあげた場合でも、しばらくしたら電話をして、うまくいっているかどうか聞いてあげるといい。初めは誰でも「うまくいっている」と答えるだろうし、あまりしつこく聞くのも嫌みかもしれないが、もしうまくいっていないことがわかれば、また何かいいアイデアを考えてあげられるかもしれない。結局のところ、助けたつもりでも実際に助けになっていなければ意味がない。

さらに、助けてあげた人がうまくやれなくて、いい結果が出なかったということもあるだろう。だが、そういう場合でも、その人はあなたの援助を台無しにしようとしてわざと失敗したわけではないのだ。きっとその人は、あなたの助けを無にしたと思って罪悪感を感じているに違いない。

あるいは、その人は頑張ったのに、あなたの助けが役に立たなかったという場合もある。その人は、そう言えばあなたが傷つくと思って自分のほうからは言い出せないだろうから、やはりあなたのほうから聞いてあげるといい。

◎相手が求めるものが与えられなければ、必ず「かわりのもの」を与える

助けを求められても、それには応えられないということはよくある。例えば、私は仕事がら、フリーランスの人たちから仕事をくれという電話をよくもらう。だが当然のことながら、私がその時に必要としている内容に関する専門家でなければ、仕事を頼むことはできない。

けれども、もし相手が「なかなかいけそうな人物だ」と感じたら、ほかの出版社や雑誌社の編集者を紹介することにしている。そして、さらにそこの編集者に電話して、その人から電話がいくことを知らせておく。

目的を達成する能力はあるのに、つてがないだけの理由で苦しんでいる人はたくさんいる。そういう人は、「希望」さえ与えてあげれば、あとは自分の力でなんとかやっていくものだ。希望を与えるのには一銭もかからないうえ、感謝されるのだから、こんないいことはない。

先に例に出した、全米生花配達チェーンを築いたジム・マッキャンは、面白い考え方をする。彼は、普通とはちょっと違う銀行口座を持っていると考えるのだそうだ。普通の銀行口座では、お金を引き出すたびに残高は減っていく。だが彼の口座に蓄えられているのはお金ではなく、「親切」なのだ。そして、この口座では、引き出して人に与えるたびに残高が増えていくというのである。

彼によれば、与える親切は、大きなものでなくてもまったくかまわないという。相手のいいところや、してくれたことを認めてあげる。職場で部下の背中を軽くたたいて励ましてあげる。仕事ぶりをほめてあげる。そんな小さなことで、彼の「親切銀行」の残高はどんどん増えていく。仕事を変わろうとしている人でも、チャンスを求めている人でも、彼は縁のあった人のことは覚えていて、紹介できるところがあれば紹介するようにしている。

それでいったい、見返りがあるのだろうか？　「そんなことはどうでもいいのだ」と彼は言う。苦労の末事業に成功し、その後はいい人生を生きてきた過程で学んだことは、「その時はお返しをされようがされまいが、いつも人に親切にしていれば、長い間にはいい人生を送らせてもらえるようになる」のだそうだ。

10

アイデアやその「結果」を独り占めするな

努力が認められるに値する人は、相応の栄誉を与えられるべきである。
（聖書の一節より）

◈エゴの〝一塊〟を捨てる——人はそんな人を放ってはおかない！

自分のアイデアや手柄を他人と分かち合うのは、なかなか難しい。自分のアイデアだと思っているのに、誰かのアイデアが入っていると言われれば腹が立つ。誰だって、自分のアイデアはすべて自分のオリジナルで、達成したことは自分の力によるものだと思いたいし、人からもそう認めてもらいたい。

なぜ人間は、創造性に関する所有権にそれほどこだわるのか？　そのわけは、人間の価値は、結局、その人の個人的なアイデアと創造力の総計にほかならないからである。だからこそ、自分のアイデアに他人から「それには私のアイデアも入っている」と主張されれば、何やら主権を侵害されたような、何かを盗まれたような気分になるのだ。

実際、いいアイデアは簡単に盗まれる。だが、多くの場合、当人は「盗んでいる」という意識はほとんどない。例えば、誰かがあなたの考えを聞いて、それに対して自分の意見を持ったとする。するとその人は、あなたの考えがきっかけとなって自分の考えが生まれたことに気づかず、すべて自分が考え出したオリジナルであるかのように錯覚してしまうこともある。

そこで、もしあなたがそのことを指摘し、その人の考えはあなたの考えがもとになっていると主張すれば、その人は自分の考えが侵害されたように感じて不快になる。

自分の考えが一〇〇パーセント他人の考えを拝借しているというケースは少ないかもしれないが、すべて自分一人で考え出したもので他人の考えはまったく入っていないと主張するのも愚かなことだ。

あなたの考えには他人が貢献しているという事実を否定していると、あなたの運は弱くなっていく。なぜなら、そのような態度は他人をシャットアウトするものであり、ひいてはあなたを助けてくれる可能性のある人まで拒否することになるからだ。さらに、そういう態度は敵をつくりやすい。すると、その敵はあなたに機会がやってくるのをブロックしてしまう。

その反対に、もしあなたがエゴの小さな一塊《かたまり》を放棄して、手柄の一部をしかるべき人に差し出せば、あなたはたちまち人に好かれる人となる。もっとも、その場合には、本当に貢献してくれた人を正当に評価してそうするのでなくてはならないのはもちろんだが。

◈〝精神的な気前のよさ〟は、回り回って自分のプラスになる

そういうわけで、あなたに素晴らしいアイデアが浮かんだのは誰かの考えがヒントになっていたと認めてあげれば、その人はあなたの力強い味方になってくれる。それは、そうすることでその人の自我があなたの自我と同じ方向を向いて並ぶので、あなたの成功は彼の成功となるからだ。

他人の働きを認めることによってもたらされる効果は、非常に強力で長続きする。もしあなたが、誰かの考えが役に立ったことをオープンに認めれば、その人はあなたのアイデアをまるで自分の考えのようにサポートしてくれるだろう。

他人の貢献を認めるには、広い心ばかりではなく、勇気や正直さを必要とする。逆に言えば、それらのものがあれば人の尊敬を受ける。一般的に言って、他人のアイデアや働きを認めることのできる人は、いずれグループの中心となり、全体の行動を左右する存在となっていくことが多い。

そういう人にとっては、自分がすべてのアイデアの発案者であるかどうかはあまり重要なことではない。大事なのはプロジェクト全体であり、アイデアの中身であり、ゴールである。

つまらないエゴがなくなれば、その人からは強力なパワーが現れてくる。ほかの人たちの功績を積極的に認めるようにすれば、認められた人たちは価値を見出されたと感じ、あなたの謙虚さは人を引きつけ、ほかの人にはない強さがあると見なされる。

実は、そういう〝精神的な気前のよさ〟は、運の強いすべての人に共通している特徴だ。精神的にケチな人に運の強い人はいない。我を張らずに手柄を人と分け合うことのできる人は、心の奥底に誠実さと自信があり、足がしっかりと地についている。

そういう人の自我は内面からしっかりと支えられているため、つまらないエゴに惑わされることなく他人の貢献を認めることができるのだ。そういう内面の誠実さや強さは、「ポジティブな価値観」と言い換えてもいい。

仕事がうまくいった時、その成果をあげるのに少しでも貢献した人たちと業績を分け合えば、気分がよくなり、自分を建設的に感じることができる。同僚にも脚光を浴びさせてあげれば、あなたは彼らにとってもエネルギーのもととなり、中心的な存在になる。そうすれば、あなたのチャンスはますます広がっていく。

◈目の前の〝見栄〟よりも百歩先の〝評価〟を手に入れる

では、スポットライトを独占したくなる気持ちを乗り越えるにはどうしたらいいのだろうか。そのためには、まず自分のアイデアに対する執着心を克服することが必要だ。「自分の考えは誰かからなんらかの影響を受けている」ということを認められるようになるには、次のようなことを考えてみるとよい。

◎「みんな自分のアイデアを盗もうとしている」などと考えない

自分のアイデアに他人が貢献していることを認めたがらないのは、自分の業績なのに他人が評価されてはかなわないと思うからだ。

もし自分の業績が評価されるのなら、上司はもちろんのこと、人の注目は一〇〇パーセント自分に向いてほしい。他人が注目されたりしたら、損してしまう。別の人間が評価されたら、自分の優秀さがわかってもらえないばかりか、「やっぱりあいつは実力がない」と思われるかもしれない。もしくは、自分には創造的な能力がないと思って自信をなくすかもしれない……。

こういった考えはすべて非生産的で、運のいい出来事が起こるのを妨げてしまう。誰と栄誉や称賛を共有しようが、アイデアの素晴らしさが損なわれるものではないのだ。あなたが他人の貢献を認めたところで、あなたの評価が下がるわけではない。

他人の貢献を認めなければ、あなたは嫌われて孤立し、あなたのアイデアそのものが相手にされなくなってしまうことすらあるだろう。

◎あなたのアイデアを〝公園のブランコ〟のように

あなたは公園の設計者で、ブランコやシーソーや砂場をつくったと想像してみてほしい。その時、あなたは何を望むだろうか。きっと、人を閉め出すのではなく、たくさんの人に来てもらって、それらのものを使って楽しんでもらいたいと思うだろう。もしその人たちがいい時間を過ごせば、さらに知り合いを誘って来るようになり、あなたの公園を訪れる人の数はどんどん増えていく。

それと同じように、もしあなたが自分のアイデアを公開して人を招き入れ、それに多くの人が参加してくれたら、あなたを訪れる機会はどんどん増えていく。

もちろん、いくら人に来てほしいとは思っても、あなたは自分のつくった公園が他人に乗っとられて、自分が放り出されることは望まないだろう。同じように、自分がアイデアを思いつくのを助けてくれた人に感謝することは大切だが、だからといって、そのアイデアに関しては自分が中心であるという事実を放棄するわけではない。それとほかの人たちを閉め出すのは違うということだ。

◎長期にわたる尊敬は短時間の評判をしのぐ

手柄を独り占めにして大きな評価を受けても、その評判は長くは続かない。人はしだいにあなたから離れていき、さらには足を引っ張るようにすらなるだろう。

それにひきかえ、その件に関して貢献した人が貢献した分の評価を正当に与えられるようにしてあげれば、あなたは他人が参加するチャンスを与える人だと見なされ、協力する人が次々に現れる。長い目で見ればどちらがいいかは明らかだ。

もし、あなたのいないところでも人があなたをほめるようになるのなら、多少のエゴを捨てることなど問題ではないだろう。幸運を招くには、いい評判ほど大切なものはないし、人に成功の一部を分け与えることほど短時間に自分の足場を固められる方法はない。

もちろん、そういうオープンな態度につけ込もうとする連中に対しては、自分を守る必要がある。私は無防備にお人好しになることを勧めているのではない。だが、注目に値する同僚には当然スポットライトを当て、あなたのアイデアに一部参加していることをその人に実感させてあげるのは、価値のある投資になる。

◎アイデアの段階ではまだ〝未完のプロジェクト〟

どんなに素晴らしいものであっても、アイデアはアイデアでしかない。具体化させるのが大変なのだ。自分のアイデアは「人に協力する気を起こさせるための手段にすぎない」と考えられるようになったら、あなたはもっとたくさんの幸運をつくり出すことができるだろう。どんなアイデアも、具体化するにはたくさんの人の助けを必要とすることを忘れてはならない。

◎「ほめるところ」を見つけてほめる

温かい言葉で人の努力をほめるという行為は、その人に対する感謝の気持ちを表している。ところが、誰でも人からはよく言われたいのに、人をよく言うことはおろそかにする。まるで、そんなことをすれば相手をつけ上がらせてしまうとか、自分の努力が相対的に小さく見えてしまうとでも考えているかのようだ。

そんなつまらぬ考えは捨てて、自分に協力して助けてくれた人に対しては、日常的に感謝の気持ちを表すようにしよう。そうすれば、その人たちはみんな味方になってくれるのだ。

その反対に、もし彼らの努力をないがしろにすれば、彼らは間違いなくあなたの人生にとって障害になるだろう。

人の努力を認め、してくれたことを正当に評価して感謝する。それだけのことで、その人はあなたに親近感を抱き、さらにできることがあればあなたに協力しようとしてくれる。そうなれば、あなたの人生はどれほど生きやすくなるだろうか。

◆さらにツキを呼ぶ「あなたが頼りにしている人」とのつきあい方

影響力のある人にアドバイスを求め、そのアドバイスに従った結果達成できたことがあったら、その人が助けてくれたことに感謝して、その人をたてる。そうすれば、その人はあなたをさらに助けてくれる。だが、カギとなる人にどのようにアドバイスを求め、どのような感謝の仕方をするかによって、あなたに訪れる幸運のレベルは大きく違ってくる。

次に、私の知っている運の強い人たちがどうしているか、例を示してみよう。

◎自分を最も助けてくれそうな人を見抜く

私が知っている運の強い人たちは、みなエゴを出さずに人をたてるのがうまい。彼らはどういう人をたてたらよいのか、相手を選ぶ眼力がある。いずれも豊かな人脈を持っていて、その中から自分を助けてくれそうな相手を常に見抜くのである。

彼らがそういう人を「利用している」と非難するのは、的《まと》が外れている。人を「利用する」というのは、人を「だます」ということである。人を利用する人は、自分の利益のことしか考えておらず、相手の持っているものを奪い、奪えるだけ奪ったら次のターゲットに移っていく。または自分のために時間やエネルギーを使わせ、用がなくなったら捨ててしまう。彼らは利己主義で欲深く、初めから悪質な下心を持っている。

だが、運の強い人が自分を助けてくれそうな人を見抜くのは、それとはまったく違う。彼らは賢く、礼儀を知っていて、助けられたために自分が得ることができた成果には感謝し、相手をたて、礼を尽くす。

では、力になってくれる人を見つけるにはどうしたらいいのか？　ある大手映画会社に勤める友人は、自分が得意とする分野で「この人のためなら全力で働きたい」と思えるような上司がいないものかとずっと探していたが、なかなかそういう人には出会えなかった。

そして入社七年目、どうもがいてもこれ以上、上には上がれないという状態になっていた頃、部長陣に外部から新しい人が入ってきた。

彼はその人と馬が合い、そこで「この人にならば、仕事の内容や社内外の人間関係について細かく教えてもいい。自分は道案内役となって、この人をたてていこう」と心に決めた。それが会社のためにも、自分自身のためにもなると判断したからだった。

その部長が出世していくにしたがい、しだいに彼も上の人たちの目に触れるようになっていった。彼はその部長にあらゆる助言をし、たくさんのアイデアを提案して補佐し、しかもそれらのアイデアがその部長の考え出したものに見えるように努力した。

彼が勤めていた会社のような大企業では、もし「出世と成功」という人生ゲームをしたかったら、いかにして上の人の目に触れるかがカギである。彼が補佐したことでその部長は業績をあげ、それによって彼も注目されるようになった。

だが、ここで疑問を持つ人もいるに違いない。それほどまで仕事の裏の裏を教えてしまって、その部長に利用されたあげく捨てられたらどうするのだ、と。

私の友人はバカではなかった。あらゆることを教えているように見えていたが、実は最も重要な詳細な部分については漏らしていなかったのだ。概要についてはすべて教えたが、彼が具体的にどうやってその仕事をするのかについては教えなかったのである。その結果、その部長にとって彼はなくてはならない存在となっていった。

それはともかく、大企業で大切なのは、有能でよく仕事をする上司とともにいることだ。そういう上司は、ほかの「有能で仕事をよくする人」たちとも親しくしている。そういう人たちこそ、あなたの幸運度を向上させるためのカギとなる人たちなのだ。

◎いつ一歩下がって「相手を優先させる」かを知る

あなたが求めている機会に通じている人は、あなたが成し遂げそうなことが「自分の目標達成のために必要だ」と感じれば感じるほど、あなたを助けてくれる。そういう人には意見を求め、静かに話を聞くほど効果のある方法はない。そうすることによって、あなたはその人の考えを重要視して、自分は一歩後ろに引いていると表明していることになるからだ。

ある友人は面白い話をしてくれた。彼女はインターネット関連の会社に勤めているのだが、最近、上司のライバルだった役員の女性が辞めて転職した。その少しあとのこと、その人から電話がかかってきて、「昼食でも一緒に食べないか」と言ってきた。引き抜きか、あるいは仕事の話に違いない、と直感した。

いずれにせよ、その人とのつながりを断たずにいることは自分にとって非常に重要なことだ。だが、もしそのことを上司が知ったら、気分を悪くするのは明らかだ。今の会社で自分の将来はなくなるかもしれない。

彼女はどうすべきか考えあぐねた末、その人から電話があったことを正直に上司に打ち明けた。そして、「おそらく、昼食ではほかの重役たちについての面白い話が出るに違いないが、行ってもいいだろうか」と尋ねた。上司は「もちろんかまわない」と答えた。

明らかに、上司はゴシップに興味を持ったのだ。彼女は「仕事の話が出るかもしれない」とは言わなかった。

「正直であることは大事だが、常に相手の気持ちを大切にすること、特に上役の気持ちを傷つけないようにすることはもっと大切だ」と彼女は言う。

◎助けてもらった結果、どれほどの違いが出たかを伝える

人にアドバイスを求め、それがいくら役に立ったとしても、そのことを相手に報告しなくては完全ではない。アドバイスを真剣に聞いて実践したと相手に伝えれば、感謝の気持ちを伝えていることにもなる。そうすれば、相手も「また何かしてあげよう」という気になる。

ニューヨークでアーティストをしている友人がいる。彼女は最近、ある有名な美術館に自分の彫刻を購入させることに成功した。これはアーティストにとって大きな成功である。

著名なアーティストの作品なら何万ドルもの値がつくのに、ほとんど同じようないい作品でも、作者が無名なら誰も買ってくれない。それが美術の世界だ。彼女はいい作品をつくるのだが、一般に名が知られるほど有名ではなかった。

彼女が言うには、黙っていても高い値で売れていく一握りの天才的アーティストの作品は例外で、普通は、業者が売り出してくれなければ作品は売れないのだそうだ。ところが、多くのアーティストは我が強すぎて、美術館やアートギャラリーの人間を商売人としか見ていないため、彼らのアドバイスを聞こうとしない。

彼女は自分の作品に対するその館長の批評に耳を傾け、アドバイスを取り入れた。そして個展を

開いた時にその館長に招待状を送り、アドバイスのおかげで制作が助かった、と礼を述べた。自我を数パーセントだけ殺し、アドバイスに少しだけ妥協することによって、彼女はその館長を「数パーセントだけ共同制作者にした」と考えることができたのだ。

◎アドバイスをもらった人には必ず定期的に報告する

アドバイスを与えてくれた人には、その後どうしているかを定期的に知らせるようにするといい。相談を持ちかけた時、あなたはその人に、事実上すでに自分の一部を売り渡しているのだ。それなら、あなたはその人にその後どうなっているのかを定期的に報告する義務がある。事業家が投資家に最新情報を定期的に報告する義務があるのと同じことだ。

そうすることによって、彼らはさらに機会を与え続けてくれる。アドバイスに従ったがうまくいかなかったという時なども、報告することが大切だ。

◎〝キーマン〟といえども期待しすぎない

誰かが助けてくれた時に多くの人が犯す間違いは、期待しすぎることだ。また、その人はいつでも助けてくれるなどと考えるべきではない。そういう間違いを犯す理由の一つには、〝カギになる人〟をほんの一人か二人しか知らず、それらの人を頼りすぎるということがある。

忘れがちなのは、そういう〝重要な人〟は忙しいということだ。彼らはあなたが思うようには助けてくれないことも多いだろう。だが、助けてくれないことがあったからといって、「この人はもう頼りにならない」と考えてはならない。また、助けられなかったことをすまなく感じさせるのは、もっといけない。

一人の人にすべての期待をかけても、その人はそんな期待には応《こた》えられないかもしれないのは当然のことだ。期待に応えてくれなかったからといって、その人に対してネガティブな感情を抱くべきではない。

あなたにとって大切なのは、その人が何をしてくれたかではなく、自分のゴールはなんなのかということだ。自分が達成したいことに意識を集中していれば、期待した人があまり助けにならなかったとしても、その人にネガティブな感情を抱いたり、相手にプレッシャーを感じさせたりすることはなくなるはずだ。

避けるべきは、自分の短気からその人との関係をダメにしてしまうことだ。常に「その人はできるだけのことをしてくれている」と考えたほうがいい。どんな人であろうが、あなたが必要としていることを一〇〇パーセントやってくれるなどということはあり得ない。そんなことを期待するのは、自ら後の落胆を招いているようなものだ。

楽にかまえて、相手に「なんとかしてやらなくてはいけない」などと思わせないようにしていれば、自分自身がオープンでいられるのだ。

11

自分の人生、「カギ」となる人をつくれ

賢人は、発見するより多くの機会を自分でつくり出す。

フランシス・ベーコン（哲学者）

◈こんな「ちょっとした言動」が、あなたの運を劇的に左右する！

運の強い人は、出会う人すべてに〝機会の門番〟となる可能性があると考える。誰が将来力になってくれるかなど、誰にもわからない。ちょっとした不注意でうっかり口にした言葉が、知らぬ間に力のある人を侮辱してしまい、将来に取り返しのつかないことになってしまった、などという恐ろしい話は至るところで聞く。評判は運を左右する大きな要素だが、もし敵をつくってしまえば、今まで努力して築いた評判など、一瞬にしてないも同然になってしまう。

あなたが誰かの心を傷つけて自分の評判を台無しにするには、わずか一度のちょっとした不注意な言動で十分だ。最悪のケースは、あなたの一言がどれほど人の感情を害し、成功のチャンスをつ

ぶしてしまうか自分でわからない場合である。自分の言動のすべてをいちいちチェックして結果を推測するなど不可能だとしても、他人の感情には気を使って使いすぎるということはない。

それがどのくらいできるかは、あなたがビジネスマンとしてどれほど優秀かということにほかならない。積極的に相手を傷つけようという意図のある人は論外としても、無意識のうちの態度や行動、あるいはついうっかり発した一言のもたらす結果の責任は、自分にある。

なぜなら、「そういうことに細かく気を配れない人間に、複雑で難しい仕事がうまくこなせるわけがない」と相手に思われても仕方がないからだ。つまり、マナーの悪さに言い訳は通用しない。マナーの面での不注意は、将来長い間にわたってあなたの運を蝕《むしば》むことになるだろう。

もっとも、時には運よく二度目のチャンスを与えられることもある。そのような幸運を与えられたければ、誰かの感情を傷つけたとわかったらすぐ謝ることだ。その一例として、私自身にいい経験がある。

もう何年も前のことだが、当時私が働いていた会社の会議で、社長が今後の会社の方針を発表したことがあった。だがその考えには、もともと多くの人が内心反対しており、私も疑問を抱いていた。発表のあと、居合わせたメンバーに意見が求められ、「どう思うか、どんな意見でもいいから聞かせてほしい」と言われたので、私はそれを言葉通りに受け取って「その案ではうまくいかないと思う。そのわけは……」と正直に意見を述べてしまった。そのとたん、社長の顔が見る見る赤くなり、ほかのメンバーは真っ青になった。

会議のあと、友人の一人がやってきて、「同じことを言うのにも、ああいう場所ではもっと言い方を考えるべきだ。あれでは社長は立つ瀬がない。侮辱されたと思われても仕方がないぞ。ああいうことは、ほかの人のいないところで言うべきだ」と忠告してくれた。

自分の誤りに気づいた私は、ただちに社長に会いにいき、その場で謝った。そして、自分はけっして侮辱しようとしてあのようなことを言ったのではないことを説明し、今後こういうことがあったら、その時は必ず二人だけで個人的に話をすると約束した。社長は許してくれ、その後私たちはとてもいい関係になった。

マナーの面で不注意から身を守るために気をつけるべき点を、次にいくつかあげてみよう。

◎力のある人間に対しては、たとえ自分の上司でなくても上司のように接する

そういう人は、あなたを助けてくれる人にも間接的に影響を及ぼしている。

◎〝力のある人〟の反応は真剣に受け止める

どんな人でも、侮辱されたと感じた時には、少なくともその瞬間はだいたい同じような反応をする。正直な感情を隠すまでの時間は二、三秒間だ。その瞬間の表情や声の調子を見落とさないようにする。

◎詫びる時は必ず直接会うか、またはとりあえず電話で

絶対に手紙で謝ってはいけない。謝る時には生の声のほうが「申し訳ない」という気持ちをよく伝えることができて、謝罪を意味深いものにするし、謝ったらそれで終わりにすることができる。手紙で謝罪すると、どういうわけか相手はいつまでもそのことを覚えていて、なかなか忘れてくれない。過ちははっきり謝罪しなければならないが、その後は早く忘れてもらったほうがいい。

◎感謝の気持ちを伝える時は、手紙あるいはメモなどに書いて渡す。それも二、三日以内に

プレゼントをもらった、給料を上げてもらった、親切にしてもらった……。そんな時には、誠実で礼儀正しい一言を簡潔に書いて手渡すのに限る。あなたの印象は間違いなくよくなる。

◎力になってくれた人には必ずお返しの〝プレゼント〟を

それはけっして無駄な出費ではない。

◎たとえその場ですぐ見返りがなくても、仕事のできる人は躊躇せず助ける

そうしたからといって、嫌になったらいつでもやめられるのだから、マイナスになることはない。

◎仕事のできる人や力のある人にがっかりさせられても、腹を立てない

そういう時に立腹した表情を見せるのは、絶対にいい印象を与えない。敵として覚えられてしまうよりは、誰だったか思い出してもらえないほうがまだましだ。

◈たとえ嫌なことがあっても、「カギとなる人」には一歩譲っておく

中には、「カギになる人」との関係を自ら切ってしまう人がいる。その動機はたいてい、自分の要求や願いが拒否されたことに対する相手への激しい怒りで、多くの場合は同時に復讐心を抱いている。軽んじられた屈辱感を抑えつけて自分のイメージを保つより、怒りを爆発させたほうが、その時はいい気分がするだろう。

だが、そうして相手にやり返すことによって得られる短期的な満足感は、いいイメージを持続することで得られる長期的な利益と比べれば話にならない。

何年か前、ブロードウェイのあるプロデューサーのもとで働いていた人が、昇進から外されたことがあった。彼はそれまでの五年間、その劇団のショーをプロモートするために一生懸命働いてきたのだが、彼のかわりに同僚が昇進することが決まってしまったのだ。彼は怒りを抑えることができず、その直後から全力で人脈をたどり、二カ月後には別の劇場で興行している劇団と契約を結んだ。

その頃、彼の劇団は忙しいシーズンを迎えていたが、彼はかまわず辞表を提出し、二週間で辞める旨を伝えた。社長は、せめて忙しい時期が過ぎるまでもう数週間いてくれないかと引き止めたが、

彼は拒否し、捨てぜりふを残して辞めてしまった。

これで彼は溜飲《りゅういん》を下げたわけだが、問題はそのあとだった。それから何年かのうちに、当時の同僚の多くは違う仕事に変わったが、彼についていいことを言う人は一人もいなかったのだ。彼が昇進できなかったことについてはみな同情していたが、辞める時のやり方はあまりに感情的で、ほかの人たちの迷惑を考えないやり方だった。

もし、もっときれいな辞め方をしていたら、同僚たちはみな彼に味方したい気持ちになり、その後も何かと支えてくれたに違いない。しばらくして、彼は移った先の劇団でも問題を起こし、誰も味方する者がいなくてクビになったという話だ。

傷つけられた時に反撃したいと思う気持ちは人間として自然な感情であり、完全に抑えつけるのは難しい。個人攻撃されているのにされていないふりはできないのと同じように、傷ついているのに傷ついていないふりはできないものだ。

だが、そういう攻撃的な感情は、建設的に利用すれば自分を向上させるためのポジティブな原動力とすることもできる。その反対に、復讐心というネガティブな感情に突き動かされて行動すると、結局は自分のためにならない。

傷つけられた時には、感情的になってやり返してやろうとするより、むしろ相手に「すまない」という気持ちを起こさせたほうが効果的である。そのほうが、味方を失うことなく事態を挽回《ばんかい》することが可能になるからだ。

そのいい例に、ヒューストンの電力会社で働いていた知人がいる。彼女はある時、リストラの対象となって退職させられてしまった。一時は会社を訴えようかとも思ったが、考え直し、そのかわりに自分をクビにした上司にコンタクトをとり続けた。

そして、役に立ちそうな業界紙の記事やデータ、彼女なりのアドバイスなどを手紙にしたためて送り続けたのである。もちろん、リストラされたことに対する不快感はあり、新しい仕事がなかなか見つからなくて苦しんではいたが、そのことについては一言も触れなかった。

「上司だって会社の命令でスタッフの数を減らさなくてはならなかったんだし、部下の首を切るのは心苦しかったはずだから」と彼女は私に言っていた。そして、きれいに辞めておけば、もしかすればすまなく思って将来助けてくれるかもしれないと思っていたという。そして二年後、その通りのことが訪れた。その上司が、新しく会社を始めるのでスタッフを募集しているという人を紹介してくれたのだ。

仕返しをしようとせず、自分に苦しみをもたらした人間から責任を解除してあげることによって、人間関係を強固に保つにはどうしたらいいのか。次にいくつかヒントをあげてみよう。

◎軽視されたり、がっかりさせられたりしても、一流の人間らしく振る舞う

困難を平気な顔で受け止め、つぶされても何度でも起き上がるところを見せれば、将来機会を与えられる可能性が増す。

◎自分を傷つけた人間に復讐したい誘惑に打ち勝つ——たとえその人が弱っている時でも

そういう時には、むしろやっつけようとしないで助けてあげたほうがいい。安っぽい攻撃や卑劣な攻撃は、味方からも支持されない。

◎冷遇された時には、「あいつにはすまないことをした」と相手に思わせたほうがいい

そう思わせるためには、惨めな顔をして見せるのではない。相手に協力し、助け、親切にすることによって、そう思わせるのである。軽んじられたり無視された時には、くどくど言っていないで、引き続き相手をサポートし続ける。今の女性の話がいい例だ。

◎落胆は一時的なものにすぎない

「しばらく時間がたてば、私はまた回復する」と自分に言い聞かせ、落ち込んでいる間はカムバックの方法を考えて過ごす。落胆にいつまでも浸っていると、苦々しい気分がますます増大し、幸運をつくり出す力が弱くなってしまうだけだ。

◈時には〝心にもない発言〟が自分を救ってくれる

運の強い人は、力のある人を「将来自分を救ってくれる可能性のある人」と見る。たとえ今は何

も起きなくても、将来何が起きるかはわからない。

知人に、ある有名な雑誌の編集長をしている男がいる。彼は以前、別の雑誌の編集長をしていたのだが、数年前は窮地に陥っていた。勤めていた会社が、ほかの出版社に買収されてしまったのだ。新しく乗り込んできた経営陣は、仲良くやっていくのが難しい手ごわい連中で、社内のあらゆることに細かく口をはさんできた。彼はそれまでのように自分のスタイルで自由に雑誌をつくることができなくなり、行きづまってしまった。

そんなある日、業界誌が新社長に取材を申し込んできた。そして、編集長である彼にも同席してほしいと言う。彼は初め、その申し出を断った。あの嫌みな社長のお飾りにされるのはかなわない。だがよく考えてみると、これは起死回生のチャンスかもしれない、と思うようになった。

取材の日、インタビューが始まると、業界誌の記者は案の定「新社長のもとで働くのはどんな気分か」と尋ねてきた。彼は、「新経営陣がいかに素晴らしいか」と、滔々《とうとう》と語り、「自分は今どれほどたくさんのことを学んでいるか」を強調した。

その記事が載った号が発売になり、それを読んだほかの出版社の経営者たちは、彼が言外に何か言おうとしていると感じとった。特に、彼が「たくさん学んでいる」と言っているのには、引っかかるものがあった。彼の発言の調子は信じがたいほど陽気で、これが会社を買収されて編集方針を変えさせられ、屈辱を味わわされている編集長とはとても思えなかったからだ。

これは明らかに、彼は新経営陣と何か大きな契約を取り付けつつあるのか、または辞めたいと言っているのかのどちらかだ、とみなが感じた。

彼は仕事の口実を見つけて取材に欠席することもできただろうし、あるいは出席しても言葉の端々に「自分は今とても苦労している」というようなことをほのめかすこともできただろう。

だが、彼は「そのような形でSOSを発したところで、それで人から同情されることはあっても窮地を切り抜ける糸口をつかむことはできないだろう」と考えたのだという。そこで彼は、その反対に新経営者を持ち上げ、自分自身も意気軒昂《けんこう》なところを見せたのだ。

その記事が出て数日の間に、彼のところには四つもの雑誌社から仕事をオファーする電話がかかってきた。その中の一つは、以前彼が就職を希望したが採用されなかった出版社の編集部長をしている女性からだった。結局、彼はその出版社に入社し、今はその女性の下で編集長を務めている。

なぜこの編集部長は、数年前に一度不採用にした彼を採用したのだろうか？　しばらくして彼はそのことを尋ねてみた。すると、彼女はこう答えた。彼が不採用になった時、その仕事を希望していた人がほかに二人いた。そしてそのうちの一人が採用になり、彼ともう一人が不採用になった。不採用になったもう一人の人は、そのことを根に持って、その後街で彼女と偶然出会うことがあっても口をきかなかった。だが彼は面接してくれたことについて礼状を送り、フェア・プレーに徹した。彼女はそれに感心して、彼のことを覚えていたのだという。

これらの体験から彼が学んだのは、どういうことだったのだろうか。彼自身の言葉によると、それは次のようなことだ。

◎苦しい時こそ〝嫌な顔〟を見せない

いつでもはつらつとした態度を崩さないよう努力するということ。

◎「ネガティブ人間」だと重要人物から思われるような行動はしない

「扱いにくい人」とか、「繊細すぎてすぐ傷つく人」などという印象を一度与えてしまうと、その印象を拭い去るのはとても難しい。嫌な思いをしても、いちいち気にしないで、「その人の言い分はその人の勝手な解釈であり、事実ではない」と自分に言い聞かせ、そのことは貸しにしておく。

◎大きな落胆は、大きな機会とペアになっている

傷ついても乗り越え、もっと先を見る。落胆の裏側には機会が付随しているものだ。

12

幸運の「本流」をつくれ

人生で必要なことは、「知らないこと」と「自信」だ。それさえあれば成功間違いない。
マーク・トゥエイン(作家)

◈〝運をつかむ人〟にはこの「勢い」がある

運が強いとは、短期間のうちに〝いいこと〟がたくさん起きるということだ。繰り返し述べるように、〝いいこと〟が起きるためには、「助けがいのある人間」だと人から思われなければならない。ということは、あなたがそういう人間であることを、よりたくさんの人に知らしめるべきだ。

幸運の連続した流れをつくるためには、より頻繁に、かつ質の高い〝いいこと〟が起きなくてはならない。そのためには、いろいろな機会の中から、本当に役立つものとそうでないものを見分ける力を持つことだ。そして、最も役立つ可能性のある機会だけをとらえて、じっくり取り組むことのできる力が必要になる。

人はさまざまなアドバイスや手がかりを与えてくれるが、それらがみな役に立つとは限らない。あまり正しくないアドバイスや、的《まと》が外れた手がかりにしたがって失敗しないためには、勘が必要だ。

〝いいこと〟がいくつも続いて起きるといっても、数が多ければそれでいいというわけではない。渓流を、水面上に出ている岩づたいに渡ろうとする時、隣の岩に無事飛び移れただけでは一時の幸運にすぎない。そのまた次の岩に飛び移れれば、さらに幸運だ。

いくらたくさん岩があっても、あまり遠い岩や、濡れている岩に飛び移ろうとすれば、バランスを失ったり滑ったりして失敗するかもしれない。必要なのは、お互いに接近し合っていて、次々に飛び移っていけそうな一続きの岩を見つけることだ。それらはお互いに近ければ近いほどいい。

何かの機会があっても、それが手が届くほど近くなければ、別の機会が近くにやってくるまで待つか、あるいはリスクを冒しても遠くの機会に手を伸ばしたり、別の機会を探しに出かけなくてはならないだろう。その時、自分に勢いがなければ、バランスを崩して失敗する確率は高くなる。

もしあなたに勢いがあって、幸運な出来事を次の幸運に結びつけることができそうに見えれば、それだけでもう実際に幸運を手に入れたのも同然だ。そのように見えれば見えるほど、その勢いだけで人は寄ってくる。ライバルは恐れをなして道を譲るかもしれない。幸運がどれほど続くかは、「助けてくれる人」や「妨害する人」にあなたが与えた印象がどんなものだったかによって大きく左右されるのだ。

◈まず、この〝不安と億劫《おっくう》〟心理を乗り越えろ！

私たちは毎日さまざまな出来事に出会い、機会にも遭遇する。明らかにチャンスとわかる時もあるが、ほとんどの場合はどれくらいいい機会なのかはっきりしないに違いない。あなたが今より運が強くなるためには、ほかの人が見過ごしているいい機会を見分ける力と、新しい挑戦に喜んで応じる力が必要だ。

私はいつも、ごく単純な疑問を持っている。なぜ、ほとんどの人は挑戦しようとしないのか？

『7つの習慣』で有名なスティーブン・コヴィーによれば、その大きな原因は「恐れ」だという。

多くの人は、型にはまった生き方をしているほうが楽なので、一度それにひたると抜け出ようとしない。すると、何かの機会が訪れても「素晴らしい挑戦のチャンスだ」と考えることができず、「困ったことが起きた」「どうしよう」と感じるようになってしまう。そうなったら、もはや創造的に考えることができない。

〝いいこと〟をつくり出すために必要なエネルギーとは、常に創造的な考え方をすることによって自然に生まれてくるものであり、「ネガティブな問題を解決する力」とは別のものだ。普通の人はネガティブな問題を嫌がるが、創造的な考え方の人は嫌がらず、それにじっくり取り組んで、そこに隠された機会を発見しようとする。

つまり、「新しい解決法はないものか」と考えるのである。問題が生じた時に必要なのは、「これは困ったことになった」ではなく、「なるほど、さてところで……」という態度なのだ。

新しいことに挑戦するのが不安なのは、それが画期的であればあるほど、「すでに知っていること」と「未知」のどちらをとるのかという選択を迫られるからだ。

友人に、ある大手新聞で記事を書いている記者がいる。最近彼は、あるオンライン・マガジンからコラムニストとして入社しないかという誘いを受けた。提示された給料も、現在のものよりずっといい。だが、もし引き受ければ、今の新聞社を辞めることになる。新しい仕事には大きな可能性はあるものの、インターネットビジネスには不安材料もある。最悪の場合には、やらなければよかったということになるかもしれない。

だが、新しいことに挑戦する時には、うまくいっても「すでに持っている何かを犠牲にすること」、へたすると「失敗して大きな挫折を体験すること」を予測しておかねばならない。そのため、何かに挑戦するとなると最悪な事態ばかり想像してしまう人もいる。

友人の記者はそのタイプだった。彼は失敗の不安をどうしても拭い去ることができず、結局その誘いを断ってしまった。

彼と同じような不安は、新しいことに挑戦する時には誰もが感じるものだ。だが、挑戦にもいろいろなやり方がある。不安を乗り越えるには、危険性の高さに応じて、不安の程度の低い方法から始めてみるとよい。

例えば、私だったらまず新聞社を辞めることは考えず、オンライン・マガジンのほうには、とりあえず現在の仕事を続けたままコラムを少し書かせてもらえるよう交渉する。そうすれば、その仕事が本当に自分に合っているかどうかがわかるだろうし、やっていく過程でまた新たな人間関係が生まれるだろう。

機会を与える側の人にとっても、あなたが新しいことに尻込みせずに挑戦しているのを見れば、あなたがやる気のある人だということがわかる。いくら機会を与えても尻込みしてばかりいれば、もうあなたを誘おうという気にはならなくなるだろう。

新しいことへの挑戦は、新しい人たちとの出会いを増やす。そして、その人たちからさらにまた新たな機会が訪れる可能性が生まれる。だから、一つの機会への挑戦がうまくいかなくても、その時の体験から世界が広がれば得るものはある。

ある時、私は就職斡旋会社の重役会議で三十分のスピーチを依頼されたことがある。だが、そのような場所でスピーチなどしたことがなかった私は、三十分どころか、五分以上出席者の興味を引きつけていられる自信もなかった。もしとちったらバカみたいに見えるかもしれないと思うと、怖じ気づいてしまったのだ。

だが、たとえそれがどんなに難しい挑戦でも、たとえ失敗しても、やれば自分のためになるということはわかっていた。それに、やってみれば結構うまくいくかもしれない。評判がよくて、その後次々と講演の依頼が来るかもしれないではないか……。そう考えた私は、結局その依頼を引き受けた。

はたして、その後私に一回何千ドルものギャラで講演の依頼が来ただろうか？　残念ながら、そういうことはなかった。だが私は、自分がかなりいいスピーチの原稿を書けることがわかったし、もっと大切なのは、今後どんな人を前にしてスピーチをすることがあっても、もう怖くはないと自信がついたことだ。

スピーチをする際の言葉の微妙なニュアンスの使い方や、間《ま》のとり方などは、あの時の体験をしなかったら学ぶことはできなかっただろう。それに、その仕事をしたおかげで、私は素晴らしい人たちと知り合い、ビジネスのコネクションもいくつか手に入れた。その人たちとは今でもおつき合いさせてもらっている。

◈迷ったらこの二つの〝視点〟から出直せ！

多くの人が新しいことに挑戦しない理由は、失敗したり拒否されるのを恐れるためだ。現状維持していれば安全だし、何より居心地がいい。新しいことをすれば、初めからやり直しで、また苦労しなければならない。だから、そうするのは得策でないと考えてしまう。

挑戦することを恐れず、事態を客観的に見るにはどうしたらいいのだろうか。一つの方法は、挑戦すべきことに出会ったら、「最悪の場合」と「最もうまくいった場合」の両方についてしばらく考えてみることだ。

もし「最もうまくいった場合」の結果がすごくよさそうだったら、それは挑戦してみる価値がある。その場合は、最悪の事態に陥るリスクを最小限に抑える方法を考え、不安や恐れを処理するようにする。

例えば、今の仕事をしながらできるいい副業の機会に出会ったとしよう。その利点はもちろん副収入だが、そのほかにも、その仕事を通じて新しい人たちとの出会いがあることだ。その人たちを通じて、さらにいいことが起こるかもしれない。

一方、よくないことが起こる可能性としては、生活が忙しくなりすぎて疲れてしまうことや、家族や友人と過ごす時間が減り、自由時間がなくなることなどがあげられるだろう。また、リスクの中には、期待したほど収入がないとか、その仕事をしてもその後何も発展しないということもあるかもしれない。

普通は、そういったさまざまな要素を考え合わせ、やる価値があるかどうかを判断する。私の考えでは、支払い条件がよく、関係者がしっかりした人たちであるなら、たいていやってみる価値はある。

新しいことに挑戦する際に役立つ、そのほかのヒントをあげておこう。

◎挑戦は〝すべて勉強のため〟と考える

未知のことは不安だし、どんな挑戦でも多少は怖いのが当然だ。だが、その不安をやる気に変えて飛び込むことができる人もいる。そういう人は、最悪の結末ばかり想像して何もしないのではなく、「結果がどう出ようとも、この体験は勉強になる」と思うことができる。実際、事実はその通りなのだ。たとえその挑戦をすること自体が間違いだったとしても、何ごとも体験することによって、より強く、より賢くなることができるからである。

◎結局、〝唯一最大の敵〟は自分自身だ！

もしあなたが、競争相手を出し抜くことにばかりエネルギーを注いでいたら、おそらく新しいことに挑戦する意味を理解したり、機会を引き寄せることはできないだろう。他人との競争に勝つより、六カ月前の自分より優れている自分になることのほうが、はるかに難しい。

誰かをやっつけることにエネルギーを使っている間は、何かを学ぶことはほとんどできないのである。自分自身と競争している時にのみ、挑戦は自分を成長させるための目的となり、いい機会と見なすことができるのだ。

自分と競争するということは、自己中心的になるということではない。自己中心主義は人を遠ざけ、孤立を招くが、自分と競争していると他人に対して攻撃的でなくなり、むしろ自己中心的でなくなってくる。競争相手のことなどもはや重要ではなくなり、したがって衝突する必要もない。自分が得意なことをただやり、以前の自分よりさらに向上するよう奮闘していれば、機会を引き寄せる可能性は最高に高まってくる。人はあなたの努力を認識するし、あなたの行動は誰の感情を害することもない。

あなたにとって重要なのが、人に対抗することではなく、自分の仕事のクオリティーを高めることであれば、あなたはとても平和な心境に到達することができる。人に腹を立てたり、攻撃的になったりするなど幸運の妨げになるすべての感情は消え失せ、ますます多くの人があなたの努力に報いるようになるだろう。

◎挑戦する前にぜひやっておきたい、大切な〝確認の項〟

知人に、新しいことに挑戦する時に絶大な才能を発揮する人がいる。彼は現在、大手ケーブルテレビ局の社長をしており、物事を細部にわたるまで検討し尽くす達人だが、実は、彼の目はほとんど見えないといっていいくらいの弱視なのだ。だが彼は人を引きつける力とエネルギーの塊で、彼と一緒に仕事をするとみなやる気でいっぱいになる。

彼の秘密は、あらゆる人のそれぞれの能力を見出し、一人ひとりの情熱と専門的知識を尊重することだ。目が悪いため、いつも忠実な部下たちに囲まれており、彼らの判断を信頼している。

普通、新しい仕事を始める時には不安がつきものだが、彼は楽しみながら学ぶ技術を独力で身につけた。彼にとって、新しい仕事に着手する時というのは、新しい冒険が始まるということなのだ。

「同じことはやりたくない」と彼は言う。

私はある時、「新しいことに挑戦する時、どうしてそれが努力に値するものと確信できるのか」と尋ねてみた。すると彼はこう答えた。

「まず、自分や他人に的確な質問をすることだ。私はどんな挑戦をする時でも、その前には何日もかけて疑問点やわからない点を考え、書き出して頭を整理する。そして次に、それをいくつかの大きな項目にしぼる。必要なものはすべてそろえることができるのか、自分はその仕事に必要な優秀な人材を雇うことができるのか、自分のアイデアは人々に受け入れられるか、などということは、実際に挑戦を始める前に絶対に知っておかなければならないからね。そういうことがわかれば、挑戦に値するかどうかは自然に見えてくる」

◎無用な〝恐怖心〟に歯止めをかける

不安や恐れは、あれこれ空想することによって生まれる。それは時には必要なこともある。人間がまだ原始人だった頃、本能的な恐怖心は猛獣から身を守るために必要なものだった。だが現代社会においては、不安や恐れのほとんどは、つらいことを避けたいという気分の派生物でしかない。

だから、もしあなたの不安や恐れの正体がそれなら、あなたはそれに押し切られるべきではない。挑戦に失敗すれば、失敗から学ぶことができる。その過程で新しい友人を見つけることもできる。自分は何を恐れているのかを知ることが大切だ。

◈一つの幸運を必ず次の幸運へとつなげる四つのヒント

すでに述べたように、幸運の連続した流れを起こすには、たくさんの機会が存在することが必要だ。機会の数を増やすには、一つの機会をそれだけで終わりにせず、それを元手に次々と新しい機会をつくり出していくようにしなくてはならない。

つまり、それぞれの機会を独立した一つのものと見るのではなく、次に進むためのステップと見るのだ。何かの機会が訪れた時には、「やった！　ついに願いがかなった！」ではなく、「やった！　さて、どうすればこれを次の機会につなげられるだろうか？」と考える。

一つの機会を次のステップにつなげるにはどうしたらいいのか。ヒントをいくつかあげておこう。

◎一つのチャンスは〝いろいろな顔〟を持っている

一つのことでも、いろいろな側面から眺めていけば、初めに思ったこと以外にもさまざまな可能性が見えてくる。それを追求すれば、いくつもの機会をつくり出すことができる。また、一人の人間がいくつもの役を同時にこなすことも可能だ。いろいろな側面のその数の多さに圧倒されるのではなく、一つひとつを達成していくために必要な精神的キャパシティを大きくするための機会と考えるべきだ。

◎この〝ものを尋ねる名人〟に学べ

知り合いに、人にものを尋ねる名人がいる。彼女は新しい人と知り合うたびに、折を見て三つの質問をすることにしている。代表的なのが「お仕事はなんですか」「今いちばん望んでいることはなんですか」「私にできることはないでしょうか」の三つだ。彼女はこの方法で確実に世界を広げている。

◎〝内気な自分〟を克服するうまい方法

「人の集まるところに機会あり」だ。わざわざ出かけていって、そういう人たちと関わり合いを持つか持たないかはあなたしだいだが、もしたくさんの機会と出会いたければ、内気でいてはダメだ。自分から進んで人に会いにいくのが苦手なら、電話を使えばいいし、それも苦手なら手紙を書く。どんな方法であれ、一つの機会を次の機会へと広げていくためには、可能な限り多くの人々と接触を図り続ける以外にない。もしあなたがビジネスマンだったら、あなたのアドレス帳はたくさんの人の名でびっしりと埋まっていなければならないということだ。

◎全米トップコンサルタントが教える〝たった二つの成功秘訣〟

運のいい出来事が続いていくつも起きれば、そのこと自体がものを言うようになる。自分で宣伝しなくても、勢いがついている人は見ればわかるものだ。人々はあなたに〝いいこと〟ばかり起きることに驚くだろう。

なぜそうなのかを人には絶対に説明してはいけない理由がそこにある。周囲の人が不思議に思うのと同じように、あなた自身「なぜ運がいいのか自分でもわからない」ということにしておかなくてはならない。

それはちょうど、一流の手品師はタネを明かさないのと同じだ。機会を広げるためにあなたがどれほど苦労していようと、そのことを人に教えてはいけない。あなたに次々と〝いい機会〟が訪れることが不思議に見えれば見えるほど、人はあなたがもともと運の強い人間なのだろうと思うようになる。すると彼らは、あなたのためにさらに仕事や機会を運んできてくれるようになるのである。

知人に、投資信託のコンサルタントとして全米でトップクラスの人物がいる。私は彼がいつも大変な努力をして研究していることを知っているが、彼はマスコミに登場する時もクライアントと接する時も、そんなそぶりは微塵《みじん》も見せない。成功の秘密について尋ねると、彼はこう答えた。

「ずいぶん昔に学んだことが二つある。一つは、自分にとって専門分野で最も難しいことをマスターすること。これは例えば、テニスの選手なら徹底的にバックを練習するようなことだ。もう一つは、成功した時には得意な顔をしないで、真っ先に自分で驚いて見せること。この二つさえ忘れなければ、常に強運に見えるのさ」

運をつかむ人は、この「状況判断」ができる！

13

いいチャンスをものにするには、この「状況判断力」が不可欠！

幸運をつかめるかどうかは、いい機会に出会うための準備が自分にできているかどうかにかかっている。
オプラ・ウィンフリー（テレビ司会者）

◈まず、「自分はいつも正しい」という錯覚を捨てろ

さて、6～12では幸運を引き寄せるためのいろいろな方法について考察したが、それだけではまだ十分ではない。いくら〝いいこと〟が訪れても、一度〝悪いこと〟が起きれば〝いいこと〟はたちまち去ってしまうからである。

したがって、不運を防止する方法を学ばなければ完全とは言えない。幸運がどれくらい自分のところにとどまってくれるかは、どれくらい〝運の悪いこと〟をコントロールできるかにかかっている。

私たちは、幸運と不運を異なった見方で見る傾向がある。運のいいことが起きた時には、自分の

行動が功を奏したと考え、悪いことが起きた時には、自分の力ではコントロールできない外部要因のためと考えてしまうことだ。

もちろん、実際に自分の力では防ぎ得ない不運もないわけではない。だが、真実を言えば、あなたがどれほどたくさんの不運に遭遇するかは、あなたの行動や判断のすべてが大きな役割を演じているのである。この事実から顔をそむけようとするのは、自分以外のものに責任をなすりつけようとしていることでしかない。それでは自分に対して無責任だ。

困難が生じた時に言い訳をすればするほど、あなたは不運を防いで幸運を引き寄せるための行動をしなくなってしまう。深く考えずに判断を下したり、他人を非難したりしていると、将来同じ失敗を繰り返す可能性が高くなるだけだ。

自分の不運を、周囲を取り巻く状況や他人のせいにするのは、そうすれば自信やプライドが傷つかずにすむからだ。だが、そのような態度は他人ばかりでなく自分をもだますことになり、いつまでもそうしていると、「自分はいつも正しい」という錯覚から抜け出せなくなってしまう。

自分を不運な被害者のように見せているのはたやすいが、そんなことをしていても運はまったく好転しない。なぜなら、責任逃れをしている人間に救いの手を差し伸べようとする人はあまりいないからだ。また、被害者のように振る舞っていると、しだいに自分を哀れむようになってしまう。

もちろん、私たちは自分を取り巻く世界に起きる偶発的な出来事をすべてコントロールすることはできないが、トラブルの多くは対策を講じることによって回避することができるし、少なくとも被害を小さくすることはできる。

どうしても避けきれず不運に見舞われてしまった場合でも、なんとか切り抜けられることも少なくない。それらはすべて、あなたの選択の問題だともいえるのである。

だが、普通以上に不運なことがたくさん起こる人の場合には、その多くに共通していることがある。それは、彼らはトラブルを自ら招くような行動をしており、しかもその自分の行動をなかなか制御できないということだ。

私から見ると、そういう人は自ら進んで同じ間違いを繰り返しているとしか思えない。彼らは、自分の評価を下げたのはいったい何が原因だったのか、なぜ人は協力してくれなくなったのか、といったことがわからない。もしくは、わかってもずっと覚えていることができない、または覚えるのを拒否しているのである。

はっきり言ってしまえば、彼らは自己中心的で無知であるがゆえに、第三者の目には明らかにわかる「問題が起こりそうな予兆」に注意を払うことができないのだ。

一例をあげれば、人をいらだたせる人というのはよくいるが、彼らはそれがわからない。そして、失敗から学ぶということができないように見える。自分の態度や行動のためにネガティブな印象を人に与えて反感を買っても、その誤りを認めようとしないのだ。そのような判断の誤りを少しでも改めさえすれば、人生はずっと実りあるものになるのである。

◈自分を殺してまで他人に迎合するな

人間は考えることができる動物だ。だが、考えることの内容いかんで判断の善し悪しが決まる。もしあなたが、自分の行動が人にどのような影響を与えるかを正しく予測し、できる限り予期せぬ結果を招かないように行動できれば、あなたの判断はなかなかいいということになる。

その反対に、自分の行動の及ぼす影響を正確に考えることができなければ、または考えることはできてもそれを無視すれば、あなたの判断はよくなかったということになる。

人間が何かの判断や決定をする時、その直前に行っている思考プロセスは、過去の体験、世の中の一般常識、そして、ある程度の不安や恐れといったものに大きく左右されている。人間関係において正しい状況判断をするには、行動する前に、次の二つの基本的な事柄を考える必要がある。

その一つは、「自分が望んでいる結果を得るには、何をどんな言い方で話し、どう行動すればいいのか」、二つ目は「自分の言葉や行動は、人々にどのような影響を与えるだろうか」ということだ。残念ながら、ほとんどの人たちはこれらのことを意識していない。

目の前の満足ばかり求める人は衝動的に行動する傾向があり、自分の言動が相手をどのような気分にさせ、その結果、相手をどう反応させるかについてほとんど考えない。つまり、自分が満足するままに行動しているのである。

その反対に、自分の言動が人をどのような気分にさせるかばかり考えていて、望みや希望をいつも抑えつけている人がいる。そういう人は、自分が本当は何を望んでいるのかをよく考えることができず、人に迎合してばかりいる。

このどちらのタイプも最善の状況判断を行うことはできない。つまり、これらのタイプの人はともに、自分の言動が「自分の望んでいること」と「相手の反応」の両方にどう影響するかを注意深く考える人と比べて、悪い結果を招く可能性がずっと高いということだ。

自分の言動がどれほど人に受け入れられるか、あるいは受け入れられないかを前もって知るには、当然のことながら、その言動にはどんな問題点があるかに気づかなければならない。人を怒らせたり、あるいはその反対に迎合して、尊敬を失うようなことをしていれば、自ら不運を招く結果となるのは当然だ。自分の言動が人にどんな反応を引き起こすか考えずに行動していれば、いずれ人々は永久にあなたに背を向けてしまうことにもなるだろう。

もちろん、すべての人にいつも好かれていることは不可能だ。人に嫌われることばかり恐れていては何もできない。だが、自分の判断ミスで自ら不運をつくり上げてしまう失敗を少なくすることによって、やってきた幸運をこわさないよう守ることはできる。

時には、あまり考えずとっさの判断で行動したほうがいいこともあるが、ほとんどの場合は自分の言動を前もってよく考えたほうがいい判断ができ、いい結果が出る。自分の言動によってどのようなことが引き起こされるか意識できればできるほど、判断ミスを減少させることができるのだ。

このように、少なくとも人間関係における不運の多くは、状況判断をわずかばかり改善することによってコントロールすることが可能で、不運なことが起きてもなんとか処理することができる。

◈「状況判断の名人」に学ぶ判断力改善法

すでに述べてきたように、あなたの運を悪化させるかもしれない人や状況をうまく避けるには、その時々での判断力がものを言う。判断力をよくするには、まず、自分が人生で最終的に望むことを実現することのほうが、言いたいことを言い、したいままに行動することよりずっと重要だということをしっかり理解しなくてはならない。

今言おうとしていることを言ったり、しようとしていることをしたらどういう結果を招くだろうか、と考えてから行動するようにしたほうが、長い目で見ればはるかに満足できる結果をもたらす。

正しい判断をするためには、自分が現在直面していることについて、できる限りたくさんの情報を手に入れることが必要だ。そのためには、できるだけ多くの良書を読み、知識のある人の話を聞くといい。

また、何かを決めなければならない時などには、自分の考えを声に出してしゃべってみるのも効果がある。それには、誰かに聞き手になってもらってその人を相手にしゃべってもいいし、独り言でもかまわない。

その理由は、考えをまとめるには、頭の中だけで考えているのではなく、声に出してしゃべって、自分が考えていることを自分の耳で聞くようにしたほうが効果があるからだ。有名な経営コンサルタントのピーター・ドラッカーは、「なぜあなたはそんなにたくさんしゃべるのか」と聞かれ、「しゃべっているほうが、黙って考えているよりいい考えが浮かんでくるからだ」と答えている。

声に出してしゃべるという行為は、自分の内面にある思念を整理して外に出すということであり、内面に抱えているすべての事柄の持つたくさんの側面を改めて認識させてくれるのだ。

ここで、私の知っている状況判断の名人はどうしているかをまとめてみよう。

◎なにごとも〝結果〟から逆算して判断、行動する

あなたの言動のすべては、他人に対して、①ポジティブな影響を与える、②ネガティブな影響を与える、③そのどちらでもない、のいずれかである。もしあなたが話をする相手のすべてを侮辱していたら、あなたのまわりは敵だらけになるだろうし、その反対に、話の仕方に気をつけて、相手を気分よくさせてあげるようにしていれば、幸運を引き寄せやすくなるだろう。

よりよい判断をするカギは、自分がとった行動の結果、どのようなことが起きるか考えることにほかならない。ガラスのコップを床に落とせば、多分割れてしまうだろう。そうすれば破片があちこちに飛び散り、掃除するのが大変だ。そのあとも見落とした破片が残っていて、誰かが踏みつけたらケガをするかもしれない。簡単に言えば、これが「行動の結果がどうなるかを考える」という

ことだ。

だが、結果を考えて行動するということは、トラブルを避けるために初めから自分の本心を曲げて妥協するということではない。したがって、考え抜いた末に、正しい選択のためには人が反対しそうな方法をあえてとらなくてはならないということもあるだろう。

その場合、あなたはそれが最善の方法と信じ、あえて障害が起こるかもしれないリスクを選んだということになる。つまり、結果を考えて行動するというのは、行動の難易度をあらかじめ予想することでもある。

結果についてかなり明確な予想ができた時には、万一の失敗にも心の準備ができている。心の準備ができていれば、被害を最小限にするための手段を講じることができる。その反対に、心の準備ができていないとさらに判断ミスを繰り返し、さらに悪い結果を招く可能性が高い。

結果を予想するのがうまい人は、次のように考える。

- 今、直ちに反応したり行動しなくてはいけないのかどうか？
- もう少し時間をかけて対応したら、いい結果が得られるだろうか？
- 今すぐ行動するとしたら、何を言い、何をすればいいのか？
- 私の言動で影響を受けるのは誰か？
- 私の行動のために気分を害するのは誰か？

▼もしその人たちが気分を害したら、私は困るか？　それとも影響はないか？
▼気分を害する人の数を最小限に抑えるためには、どのような話し方や行動の仕方にすればいいか？
▼もし、何人かの人を傷つけることが避けられないとしたら、その人たちの傷をあとで癒す方法はあるか？

◎〝不運に見舞われる〟確率を低くする第一の方法

人間関係における状況判断というのは、人々がどのように反応するかを予測するということでもある。そのためには、「もし自分が相手の立場だったらどう感じるだろうか」と考えることのできる能力が必要になる。それはつまり、相手のことをまず先に考えることのできる能力である。

もちろん、考えたからといって、その結果自分を犠牲にするということではない。それは前項の場合と同じである。相手の気持ちがわかったうえでも、言わねばならないことは言わなくてはならないし、しなければならないことはしなくてはならない。だがそれでもなお、相手の気持ちがよくわかったうえで行動したほうが、不運を招く確率は減少する。

では、相手のことがよくわからず、そのために相手がどう反応するかがよくわからない場合にはどうしたらいいのか？　常識や過去の経験から判断することはもちろんできるだろう。だが人間の行動心理について少し知るのもいい。友人の精神科医によれば、人間の行動について学ぶいちばん手っ取り早い方法は、黙って座り、人の言うことに口をはさまず、じっと観察することだそうだ。

真っ先に自分がしゃべろうとせず、人々がお互いにどんなことを言い合い、どう反応し合っているかを見てみるとよい。神経質になっているか？　萎縮しているか？　室内は険悪な雰囲気になっているか？　それはなぜか？　今しゃべった人は、なぜああ言ったのか？　もっと別の言い方はできなかったのか？　自分に味方してくれそうなのはどの人か？　障害となりそうなのはどの人か……？　といった具合だ。

自分の言い分を言うのはそれからだ。このような繊細な感覚を発達させることにより、あなたは必ず判断力を向上させ、不運に見舞われる確率を低くすることができるだろう。

◎どんな場合も〝最悪の事態〟を想定しておく

深く考えず、われ先にしゃべろうとする人は、自分の考えが絶対正しいと信じている。そういう人は問題をすべての側面から検討することができず、自分の言動が悪い事態を招く原因となるかどうかを深く考えることができない。

不運を最小限にとどめるには、最悪の事態を防止するよう努めることが重要だが、そのためには、行動する前に、うまくいかなかった場合について考えておくことが必要となる。そうなっても自分にとってたいしたことではないか。それとも非常に困ったことになるか。

それによって行動の仕方も変わってくるはずだ。最悪の事態になった場合の心構えができていれば、実際にそうなった時には別のプランを実行に移すなどして、被害を少なくすることができる。

◎〝自分の主張〟はタイミングを計って口を開け

判断ミスとは、誤った言動をすることだけではない。正しい言動であっても、タイミングを誤ればいい結果は出ない。同じことを言うのでも、二人だけの時に言えばうまくいくのに、ほかの人のいる前で言ったために台無しになってしまったとか、たまたま相手の機嫌が悪い時に言ってしまって失敗したということもある。

知人のある弁護士は、議論を呼びそうなアイデアを提案する時には、まず少人数のグループに話して反応を見るという。そして、話に乗ってくる人はなぜ賛成しているのか、抵抗する人はなぜ反対しているのか、その理由を考えるのだという。

また、別の知人は、会社の会議ではまずほかの人たちが発言し終えるまで黙って聞いているそうだ。そうやって雰囲気を見て、自分の主張はタイミングを計って口を開くのだという。もちろん、出席者全員がみなそうしたら、誰も話を始めないことになって会議にならないが、慎重に話を進める方法としては参考になるだろう。

◎“謝り方”を間違えると致命傷になる

賢い人でも判断を誤ることがある。自分の言動が人に受け入れられるかどうかを完全に予見することは不可能だ。だから、明らかに意図が誤解されたとわかったら、速やかに行動すべきだ。一人の人が機嫌を悪くしただけで、不運が大雪崩《おおなだれ》を起こすこともある。

間違いを犯した時のいちばんいい対処法は謝ることだ。私はいつも、謝ることのできない人がいかに多いかには驚いてしまう。頑固なのか、プライドが高すぎるのか、それとも謝るのは敗北だとでも思っているのか、とにかくほとんどの人はまともに謝ることができない。

謝る時には、迷惑をかけた人に対して一対一で謝るのがいちばんだ。その時、あなたには自分のイメージのすべてがかかっている。下手な謝り方をしてイメージを損なったら、幸運は当分訪れてくれなくなる。また、たいていの場合、個人が大勢の人間を前に謝るということは必要ない。唯一の例外は、組織の責任者が公《おおやけ》に謝罪する時だけだ。

謝罪というのは、相手の心に触れなければ意味はない。個人的に謝罪し、それが相手の心に触れた時、あなたは弱々しく見えるどころか、イメージは向上するだろう。

14

“怒り”のうまいコントロール法

拳《こぶし》を握りしめながら明晰な考えができる人間はいない。

（出典不詳）

◈“安全ネット”を張らずに綱渡りをしていないか

頭にきたり、傷ついたり、思ったように事が運ばない時、他人に対して攻撃的な態度をとれば、少なくともその時だけはフラストレーションをある程度解消することができる。だが問題は、腹を立てて攻撃的になっていると、必ずといっていいくらい運が去っていくということだ。

不運を撃退するには、怒りをコントロールする力をつける必要がある。人のなすがままにされていていいということではないが、自分の身に起きた不幸を心の中でどのように消化し清算するかは非常に重要だ。

あなたは怒りによって、「この人のために一肌脱いであげよう」とか「機会を与えてあげよう」

という気持ちを人に起こさせることは絶対にできない。むしろその逆で、腹を立てていると、人はあなたから遠ざかってしまう。しかも、あなたの怒りのために直接不愉快な思いをした人たちは、自分で行動に出るか、あなたの敵対者に協力するかは別として、いつか仕返しをしようとする可能性が高くなる。

あなたがすぐ腹を立て、人に対して攻撃的になりやすいと知れば、人はあなたが感情的に不安定で信頼性に欠けると判断するだろう。腹を立ててばかりいる人間が結局出世しないのはそのためだ。あなたは「私をそれほどまで怒らせたのだから、あいつは罵《のの》しられて当然だ」と思うかもしれないが、その結果がどういうことになるかというと、当の相手があなたに嫌悪感を持つばかりでなく、周囲にいるほかの人たちまであなたとは距離を置くようになる。そうなったら、誰もあなたに機会を与えてはくれない。

さらに、怒りというのは非常に習慣性が強い感情だ。怒りをコントロールせずにあふれるにまかせていると、それが癖になってしまい、いったんそうなるとなかなか治らない。そして、腹が立つたびに爆発させずにはいられなくなってくる。つまり、自分を取り戻すことができず見失ってしまうのである。

このように、あなたが腹を立てれば立てるほど、人の心は遠ざかっていく。すると、ますますあなたは苦々《にがにが》しい気持ちになり、ますます腹を立てやすくなる。すると、さらに人は離れていき、より一層苦々しい気持ちが高まる。こうして悪循環が生じるのである。そうなると、助けてくれるはずだった人も助けてくれなくなり、結局、運は遠のいていく。もしあなたの周囲に、いつも腹を立ててばかりいる人がいたら、その人のことをよく考えてみるといい。普段から〝いいこと〟はほとんど起こらず、その不運を苦々しい思いで呪っているはずだ。

今から十五年以上も前のことだが、私がニューヨーク・タイムズのスポーツ部にいた時、扱いにくくて嫌な先輩の編集者が何人かいた。彼らは横柄ですぐ威張り散らし、自分の感情をコントロールするということがなく、いつも若い記者や原稿係をつかまえてはぼろくそに罵倒していた。私たち若いスタッフは彼らの思うがままに扱われ、ちょっとでもミスを犯そうものなら怒鳴られるので、いつも緊張してビクビクしていた。

だが、憧れのニューヨーク・タイムズに入社し、誇りを持って働いていた私たちはその不運にも耐え、誰一人辞めようとはしなかった。その編集者たちは部の全員から嫌われており、みな心の奥では彼らがどこか地方に飛ばされるかクビになればいいと思っていた。

ところがその数年後、まさにその通りのことが起きた。すぐかんしゃくを爆発させていたスポーツ部の先輩編集者たちは、みな社内の権力闘争に敗れて次々と失脚してしまったのだ。彼らは下に働く者たちの能力を引き出して仕事をさせなかったため成績が上がらなかったうえ、危機に陥った時に誰も味方する者がいなかったのである。

すぐ感情的になって腹を立てる人間は、下に安全ネットを張らずに綱渡りをしているようなものだ。一度足を滑らせたら、墜落を止めてくれるものは何もない。それどころか、ロープが張ってある柱を下からゆすって、墜落に手を貸してくれる者も現れるかもしれない。

◈怒りを爆発させる時、抑える時

そうは言っても、激怒して当然な「時と場合」というのはある。侮辱、無礼、非道、残酷さ、不正などに直面した時に、激しい不快感を荒々しく表現するのはまったくかまわないばかりか、そうすることが正しい場合さえある。

また、怒りを強く表現するのは、自分につけ入ろうとする人間に対して警告を発する意味で必要なこともあるし、人の注目や尊重を得るためには激しい感情をほとばしらせることが唯一の方法である場合もある。

そういう場合は例外だが、それ以外のことなら怒りは早い時期に適切に表現したほうがいい。怒りを内面にため込んだままでいれば、いずれそのうちに個人的な恨みとなって、長い間にわたる不和に発展したり、いつか大爆発を起こしかねない。

そうなったら、あなたも相手も評判は台無しだ。そうなる前になら、怒りは静かに表現し、懸案は冷静に話し合うことができる。

どんな人でも、時には冷静さを失ってカッとなることはある。ストレスがたまっているところに、イライラさせる連中が何か言ってきたりしたら、誰だって頭にくる。どんな人でも、時にはかんしゃくを起こすことがあってもおかしくはない。そういうごくたまのことなら普通は許容範囲に入り、お互いさまのこととして勘弁してもらえる。

だが、怒りが日常的なこととなり、それを頻繁に人にぶつけるようになった時、怒りはあなたの運を危機に陥れるものとなる。また、たまの怒りでも時と場合と相手を間違えれば、あなたの将来がなくなることもあり得る。

腹を立てたら自分が不利になることがわかっている場合には怒りを表すべきでないのは当然だが、どういう時がそうなのかは常識で考えればわかることだ。

そのほかにも、自己中心的な考えがもとになっている時、ただ自分がスッとしたいだけの時（例えば、誰かに八つ当たりしたり、人をいじめて気持ちを満足させたいなどの欲求を含む）なども、怒りを露骨に表すべきでないケースに入るだろう。

◈これが運の強い人の〝怒り〟のコントロール法

怒りをコントロールするのは、確かに簡単なことではない。だが、コントロールできなければ人は去っていき、機会も訪れなくなるというのなら、なんとしてでもいい方法を考えなくてはならない。運の強い人たちはその点どうしているのか、私が聞いた話をいくつか紹介しよう。

◎毅然とした態度はつねに〝敵意〟に勝る

プロ・ポーカーの女子世界チャンピオンに二回輝いたバーバラ・エンライト（前出三三ページ）は、「敵意を示す」のと「毅然とした態度を見せる」のには大きな違いがあると言う。

「ゲームで腹を立てるくらいなら、むしろ相手を怒らせたほうがいいですよ。ゲームで毅然とした態度をとるというのは、感情は安定したまま攻撃的な試合運びをすること。ゲームの目的は勝つことであり、そのためにはみんなあらゆる神経戦を仕掛けてきます。それも勝負のうちなのです。けれども、相手に個人的な〝敵意〟を抱くというのは、それとは違います。敵意には残酷性が含まれており、その目的は相手を傷つけることで、もはやゲームに勝つことではありません。だから、怒りが込み上げてくるほど感情的になっていたら、とてもゲームには勝てません。ゲームに勝ちたければ、『なんで自分はこんなに腹を立てているのだろうか？』と考える必要があります。その答えは常に『怒りは無視せよ』となるはずです」

◎誰かがあなたを怒らせたら、その人は〝心理ゲーム〟を仕掛けてきている

人間関係においては、誰でも多かれ少なかれ心理的なゲームをしているといってもいい。人は誰でも何かを望み、望んだようにするためになんらかの行動をし、なんらかの犠牲を払う。誰かがあなたをいらだたせたとすると、その人は何か望むことがあって、そのために無意識のうちに心理的ゲームを始め、それがあなたをいらだたせる行動となって表れているということもある。

いつも遅刻したり、準備もしないで会議に出席する人に対しては、あなたは腹を立ててもいいけれど、それよりは、その人は心理的ゲームをしているのだと思ったほうが楽だ。不愉快なことがあったら、そのことを相手にはっきり指摘するべきだが、その時には感情的になって冷静さを失ったり、自分のイメージを損なうような言い方をするべきではない。

◎こんな場合には〝わが心ここにあらず〟の戦法をとれ

相手に対する敵意をつのらせるより、その前に脱出したほうが精神的ダメージを受けないですむ。心の中に怒りが込み上げてくるのがわかったら、文字通り立ち上がってその場を去るか、または実際にいなくなることができない場合には、体はそこにいても心をその場から去らせてしまう。踏みとどまって闘わなくてはならないなどと考えないことだ。

怒りが爆発する前にその状況から脱出できるようになるには、自分をよく知ることが必要だ。心の中に怒りがわいた瞬間から、それが爆発するまでの間には、見失いそうになった自分を取り戻すことができる数秒間の短い隙間がある。だがその数秒間は泡のようにすぐ消えてしまう。

怒りが高まってくる時、その怒りの原因となる言動をした相手にはその代償を払ってもらいたいという気持ちがわいている。そしてその怒りは、胸を下から押し上げるように高まってきて爆発しそうになる。あなたが自分を取り戻さなければならないのはその時だ。

そのためには、週末に予定していることについて考えたり、その日の夕方には何をするべきだったかと考えるのもいい。そうやって、爆発する前に自分を取り戻すことができれば、怒りはしだいに消散し始めるだろう。

◈不運は〝道連れ〟でやってくる——その断ち切り方！

不運は道連れを好む。いつまでもくよくよと不運の中に浸っていれば、さらに多くの不運がやってくる可能性が増すばかりだ。あの時ああすればよかった、こうするべきではなかった、と苦悶していれば、必ず自己不信に陥り、自分や他人を責める結果となる。すると判断力が鈍り、人からもそのように見られ、ますます幸運は訪れなくなる。

落胆するようなことは、たいてい突然やってくる。いつまでも思い悩んでいるよりは、不運をつくり出すためにどんな役を演じてしまったのかを分析し、そのうえで、もし自分にできることがあったとすればそれはなんだったのかを考えたほうがいい。

その後のあなたの幸運度を決定するのは、このような自己評価をどれだけ素早くやり終え、再び人生のチャレンジに復帰できるかどうかにかかっている。ダメージから立ち直り、再びリスクを負った人生を生きることができるようになるまでの時間の長さは、失敗を「自信を永久に失わせる傷」と見るか、「時間がたてば消える一時的な痛み」と考えるかによって大きく変わってくる。

どんなに賢い人でも、時には間違いを犯すことはあるし、失敗もする。間違いを全然犯さないということは、リスクを冒していないということだ。リスクのないところに成功や満足はない。リスクを冒さない生活に幸運はやってこない。不運を減少させるということは、リスクと報酬のバランスをうまくとるということだ。だから、どのような努力も、するたびに得るものと失うものの比率が妥当な割合でよくなってこなくてはならない。

ただしリスクを負うことと、向こう見ずな行動とを混同してはならない。リスクを負うというのは、計算をして、確率を判断してから冒険に出るということである。それに対して、向こう見ずな行動には計算がない。成功の確率を正しく計算せずに、がむしゃらに行動していれば、同じ間違いを何度も繰り返すことになるだろう。

◈〝挫折〟から素早く立ち直るための秘訣

強運な人とそうでない人の大きな違いの一つは、落胆してから回復するまでの時間の長さだ。挫折や不運に見舞われてもすぐ立ち直る人もいれば、わずかな失望に打ちのめされてしまう人もいる。問題や失敗にいつまでも縛りつけられていたい人はいないはずなのに、素早く自分を解放して先に進むことのできる人はとても少ない。

運の強い人たちは、挫折や失敗にどう対応しているだろうか。次にヒントをいくつか示してみよう。

回復するのが早い。

◎人はあなたほど心配していない

強運な人といえども、人に拒否されたり、ひどい扱いを受けたり、何かに失敗すれば精神的ダメージを受ける。だが、彼らはそういう時の落胆や挫折を〝大失敗〟や〝悲劇〟に拡大してしまわず、回復するのが早い。

ここで、ファッション業界で活躍している友人の発言を引用してみよう。

「私だって間違いを犯したり失敗をすることはあります。しかも、時には大きいやつをね。でも、私が恐れるのは、間違いや失敗そのものでもなければ、自分がぶざまに見えることでもないのです。いちばん怖いのは、そういう時に自分で自分を惨めに感じることです。自分を哀れむようになったらもう終わりですよ。そうなったら、おそらく回復するのは非常に難しいでしょうね。

落ち込んだ時には、『私はベストを尽くしたんだ。それでダメなら仕方がない』とか『手に入らないものは、いらない』と自分に言い聞かせます。挫折した時には、この二つを素早く自分に言い聞かせて、立ち直るようにしないといけません。それから何かほかのことに集中して、時間が傷を癒してくれるのを待つようにします。失敗や挫折というのは、たいてい自分が考えるほどたいしたことではないのです。もっと大きい失敗をしている人は、世界中にたくさんいるんですよ。

失敗や挫折そのものよりも、それに自分がどう反応するかということのほうが重要です。パニックに陥ってなりふりかまわず行動すれば、信用を失ってしまいます。あなたが自分を惨めに思わなければ、ほかの人もあなたを惨めには思わないでしょう」

◎失敗も〝プロセス〟の一つだと考えろ

私はこれまで、たくさんの成功者たちと一緒に仕事をする幸運に恵まれてきた。そして、それらの人たちをよく知ることで、彼らが挫折や失敗をどう考え、どう対処しているかを身近に観察することができた。彼らが成功できたのは、ひとえに挫折や失敗を振り払う能力があったためである。彼らは挫折や失敗がもたらす精神的なダメージに対して、常に心の準備ができている。高い山に登れば登るほど、天候は厳しくなってくるということを知っているのだ。

落胆というのは、自分の心がつくり出しているものだ。だから、心の持ち方を変えることでいつでも振り払えるということを理解するべきだ。

ある会社経営者は、私にこう言ったことがある。

「落胆にせよ、屈辱感にせよ、傷つくのはそのことについて考えている間だけだ。考えるのをやめればもう傷つかない。もしできなければ、少なくともほかのことを考えるようにすればいい」

◎多少不完全なほうが〝人間的にはまとも〟だ

落胆が大きいのは、完全でありたいという願望があるためだ。だが、人間は完全ではない。完全であろうと強く願えば願うほど、欠陥が明らかになった時のダメージが大きい。

自分をあまり高くかかげすぎないためには、自分に対するイメージを常に考え直すようにするといい。自分の至らぬところを知り、間違いを犯したら責任をとり、謝罪し、自分を笑うことを覚え、人の助けが必要な時にはそのことを認める。自分の不完全さを普通のこととして受け入れることができれば、誤りを犯してもうろたえないですむだろう。

◎悩む暇もないほど忙しくしてしまえ

新しいことに対する挑戦ほど、心の傷を忘れさせてくれるものはない。こうむったダメージがなんであれ、悩む暇がないほど忙しくしてしまえばいいのである。新しいことへの挑戦は、くよくよしがちになる気分を晴らしてくれる。これは「気が散る」という心の作用の、唯一の建設的な利用法である。

とはいえ、私は「忙しくすることによって、落胆や失敗の事実をなかったことにしてごまかせばいい」と言っているのではない。問題点をよく反省し、なぜそのようなことが起きたのかをよく考え、分析することは必要だ。だが、それが終わったら、もういつまでもそのことに心を奪われてくよくよしているべきではないということだ。さもなければ、ネガティブな考えは頭の中いっぱいに広がり、身動きできなくなってしまう。

忙しくしていることによって、閉ざされていた心が開かれ、新しい考えが入ってくるとともに古いネガティブな考えが押し出されていく。次々と新しいポジティブなことを考えることによって、失望や落胆で占められていた心が新しい夢で置き換えられるのである。

15

敵をつくるな、人の恨みを買うな

繁栄は真の友人を遠ざける。

（出典不詳）

◈人の嫉妬に〝打つ手〟はないが……

幸運が続くと、妬む人が現れる確率が高くなる。それは誰にも止められない。他人の持っているものを欲しがる人は常に存在するが、中にはそれが高じて、幸運に恵まれた人に腹を立てたあげくに、その人がひっくり返るのを見たがる人や、積極的に足を引っ張ろうとする人が現れる。

被害にあわないためには、そういう人間の存在に注意を払い、彼らの妨害行動を避ける必要がある。時々後ろを振り返ってみることは無駄ではない。こう言ったからといって、私はあなたが被害妄想的になったり、敵対する者をやっつけるように勧めているわけではない。不意打ちをされても身を守ることができるように、背中に注意しなさいと言っているにすぎないのだ。

背中に注意するということは、近くにいる人たちの行動を注意して観察し、その人たちとの関係を点検し直し、不審な点があれば対策を考えるということだ。人を信じるのはとても大切なことだが、理由もなく頭から信用して無防備に安心しているのは賢いとは言えない。心の中で多少疑ってみるくらいなら、相手に対しても失礼には当たらない。

誰にも夢や願望がある。それが朝目覚めた人間をベッドから起き上がらせる原動力となるのだ。そして、誰でも幸せになりたいと思っている。だが、世の中には大勢の人間が暮らしている以上、そこには競争があり、先んじる人、後れをとる人、他をしのぐ人、そうでない人などがいて、勝者や敗者が出る。もちろん、そう簡単には言えない場合もあるが、基本的にはこれが人生の法則だ。だから、幸運なことが起きた時にあまり得意になっていると、幸運が起きなかった人の中にはあなたが失敗するところを見たがる者が必ず現れる。

嫉妬心というのは誰でも抱くことのある感情で、それは友人であろうが親戚であろうが例外ではない。置き去りにされたように感じた人間は、うまくいっている人間がひっくり返るとホッとする。

このことは、公園の砂場で遊んでいる子供を見ればよくわかる。カッコいいおもちゃを持って得意になっている子供がいれば、必ずそれを取り上げたり意地悪をしようとする子供が現れる。その子は、得意になっている子が泣き出すまで満足しない。それと同じように、あなたの成功と満足感が誰かを不満足にした時、その人はあなたも自分と同じように不満足になることを願うのだ。不満足や惨めさは仲間を求めるのである。

そういうわけで、いくら注意深く控え目に振る舞っても、人があなたにネガティブな感情を抱くのを止めることはできない。あなたにできることは、その嫉妬心を復讐心に変えさせないよう努力することだけである。そのための方法をここにいくつかあげてみよう。

◈「妬み」を自分に向けさせないための五つのパフォーマンス

◎自分の成功は〝一人で静かに〟かみしめればいい

このことに関する限り、プロスポーツ選手はいいモデルではない。フットボール選手がタッチダウンを決めた時、バスケットボール選手がスラムダンクを決めた時、プロゴルファーがパットを決めた時など、みな躍り上がって喜び、ガッツポーズを見せたり、バスケットのわくにぶら下がったりして得意になってはしゃいで見せる。

だが、これはショーの一部なのだということを忘れてはならない。ビジネスマンが仕事の場でそんなことをしたら、喝采を浴びるどころかあとあと非常にまずいことになる。そのような露骨な感情の表現は、目標を達成していない人を不快にさせ、あなたを孤立させてしまうのである。

人はもう誰も協力してくれなくなり、極端な場合には恨みすら買ってしまうだろう。だから、仕事がうまくいった時の喜びは一人で静かに味わい、グループの一員としての立場を崩さないようにするべきだ。静かに幸せをかみしめることができるようになれば、ほとんどの人は今よりもっと成功できるに違いない。

人間の真の幸福は、心の平安、個人的な満足感、何かをやり遂げた時の達成感などにある。もし、あなたがそういう気持ちを人々と分かち合いたければ、ほかの人の気持ちを尊重する方法をとるべきだ。あなたの成功や幸福は、失敗や不幸を味わっている人に、その人の状況を改めて思い起こさせるということを忘れないでほしい。

◎ほかの人にも〝スポットライト〟を分配しろ

頑張り屋の人は、とかく一度にたくさん仕事を抱え、すべて完璧にやろうとする。もしなんとかやり終えた時には満足感を味わえるだろうが、そうしているうちに、とかく自分以外の人たちもまた活躍しているのだということを忘れがちになる。ほかの人にもスポットライトが当たるようにしないのはトラブルのもとだ。自分がポイントをかせいでいる時でも、ほかの人にもポイントをかせぐ機会を与えるのを忘れないことだ。

◎「成功したのは当然」のような顔をしない

自分の成功や幸運に当然のような顔をしている人は、見ていてあまりいい気持ちがするものではない。嫉妬による攻撃を避けるには、自分でもどうして成功したのかわからないというような顔をして、低姿勢を保っているのがいちばんだ。ちょうど、攻撃機が超低空飛行をして敵のレーダー網をくぐり抜けるようなものだと思えばいい。あまりわざとらしいのも白々しいが、肩をすくめて知らないふりをしていれば、みなあなたのことは邪魔しないでいてくれるだろう。とぼけていると悟られずにとぼけるのがコツである。

◎相手の先を越して多少〝不平〟を言ってみる

あまり気分よくしてばかりいると、惨めな思いをさせてやろうと考える人が現れる。だから、初めから少し惨めな顔を見せてしまえば、そういう人が現れるのを防ぐことができる。つまり、彼らの先を越してやるわけだ。私の知っている強運な人の中には、ときどき愚痴をこぼすことによって〝運のいい人〟のイメージを薄めている人がいる。

がっかりした時の話などをして、人生が必ずしもいつもうまくいっているわけではないことを人に知らせるわけだ。順調にいっているように見えていても多少は不運も体験していることを知れば、ほかの人も多少気分がよくなり、少しは同情もしてくれて、妨害してやろうという気持ちもあまり起きなくなる。こうしてあなたのことは放っておいてやろうという気になってくれたら成功だ。

◎自分に火の粉が降りかからないための二つの〝防火壁〟

いちばんまずいのが、達成したことをこれ見よがしにひけらかしたり、大ぼらを吹くことだ。たとえ本当に大きな成果を上げていたとしても、人には控え目に見せたほうがよい。新車の高級スポーツカーや新しい豪華なオフィスなども危険な部類に入る。あなたが達成した成果は人に見せつけるのではなく、その人に自分で発見させるようにしたほうがよい。

「控え目」と「プライバシー」の二つは、あなたに火の粉が降りかからないようにするためのいちばんいい防火壁だ。信頼のおける友人には幸運な出来事について話し、よく知らない人や敵対する人には不運について漏らすようにしていればまず問題はない。

◈万が一恨まれてしまった時の〝頭のいい対処法〟

どんなに人から恨まれないように努力していても、あなたに敵対する人や悪意を持つ人をゼロにすることはできないとするなら、少なくとも攻撃を受けた時にかわすためのテクニックを身につけておいたほうがいい。次に示すのは、そのために運の強い人たちがよく使う方法である。

◎敵対している人には「無視する」より「注目する」ほうが効果的

あなたに嫉妬している人は、あなたから無視されるよりむしろ注目してもらったほうが気分がよくなる場合がある。ネガティブな人間は避けるのが原則であることにかわりはないが、時には避けようとしても避けられないことがある。そういう時には、時間は短くてもいいからまともに相手をしてあげたほうがいい。そして彼らの自己主張を受け入れて、存在を認めてあげるのだ。それで彼らが敵対心を和らげ、あなたを受け入れられる場合もある。

◎できれば自分の幸運の〝おすそわけ〟をする

あなたが成就した成功の一部を少し分けてあげるのもいい。ある知人は、昇進して車の送り迎えがつくようになったあと、仕事が遅くなった時には同じ部署のかつてのライバル二人を同乗させて家まで送ってやっていた。その二人は、地下鉄に乗るか自腹を切ってタクシーを使う以外なかったので、喜んで好意を受け入れていた。

しばらくして、その人は仕事が忙しくなったため二人を送ってあげられる回数が減り、しかもそのあと、会社の規則で便乗は禁止ということになって、結局できなくなってしまった。だが、初めに好意を示したことで、かつてのライバルたちはネガティブな感情を抱くことがなかった。

◎〝煮ても焼いても食えない人〟にはビジネスライクに徹する

一緒に時間を過ごしたり、幸運を少し分けてあげたり、といった懐柔策をいくら用いても、まるで効果がない場合もある。何をしてもまったく好意が通じない人というのはいるものだ。そういう人は、あなたが悲惨な目にあうのを見るまで満足しないのだろう。

そういう場合にはやむを得ない。その人とは完全に距離を置くこと以外、有効な方法はない。話をせず、関係を持たないようにして、まったく関わり合いを断つようにする。そうなれば、あなたに運が向こうが向くまいが、彼らにとっても関係ないことになるだろう。同じ世界には住まず、同じ土俵には登らない、ということだ。

もっとも、相手が職場の同僚やその友人だったりして、関係を完全に断つことができない場合もある。その場合には、必要最小限度の接触に限るようあらゆる努力をする。例えば、仕事以外の個人的な会話には加わらない、自分の個人的なことについては話をしないなどして、関わり合う度合いを極力減らすようにする。

◈一定の距離を置くことも、〝関係修復〟の一つの方法

どんなに気をつけ、努力しても、あなたに敵対感情を持つ人をなくすことはできないとするなら、そのうちに悪感情を行動に移す人が出てきてもおかしくはない。このような言い方をすると被害妄想のように聞こえるかもしれないが、そういうことをする人がまれにいるのは事実だ。

知人のある会社重役は、次のように言っている。

「私をやっつけようとする人がいつもいることは知っている。でも、そんなことはいちいち気にしてないよ。ただ、こっちが大きなダメージをこうむる前に、それが誰なのか知りたいだけだ。私がそいつらを傷つけたり、やっつけたりすることは考えないよ。そんなことにいちいちエネルギーを

使ってはいられないからね。私としては、一定の距離を保って、あまり近づかせないようにするだけだ。そうしないと、こっちが被害をこうむることになるから。これは自分を守るためだよ」

「距離を保つ」ためには、そういう人たちがあなたに対してネガティブな感情を抱いていることを、あなたが気づいていると相手に悟られないようにすることも必要だ。また、時には相手との関係を切ることも必要だ。いずれにせよ、あなたに敵対感情を持っているのは誰なのかを見定めることが先決である。

だがある意味では、「一定の距離を置く」というのは、彼らこそ望んでいることでもある。というのは、彼らはほとんどの場合、あなたを本格的に傷つけたり、完全に葬り去ってやろうと思っているわけではない。あなたが活躍することで、自分の劣等感を刺激されたくないだけなのだ。そこで心理的揺さぶりをかけて、あなたが精神的にバランスを崩したり幸運を逃したりすればいいと感じているわけだ。だから、多くの場合、そういう人を完全に切り捨てる必要はない。

知り合いのある女性は、いつも一緒に行動している親友がいた。彼女たちは同じ職場で働いており、昼食も一緒に食べにいき、会社がひけたあとも一緒に帰り、時には週末も一緒だった。だが、あまり親しすぎるのは、不和を生じるもとになることがある。彼女が仕事で成功していくにつれ、その友人は不機嫌になり、しだいに彼女に当たるようになった。

そこで彼女は、その友人と少し距離を置くようにした。昼食も以前ほど頻繁に一緒に食べにいかなくなり、仕事が終わったあとに一緒に遊びにいくのもやめた。その友人が嫌みな人になってしまったのは、もともとそういう人間だったからではなく、状況がそうさせてしまったのだと思ったからだ。案の定、距離を置くようにしてからは二人ともリラックスして息をつく時間ができ、本当の自分でいられるようになった。それで友人の女性もまた、自分の尊厳を取り戻すことができた。それまで二人は密着しすぎていたのだ。

その後、二人の友人関係は形を変えて現在まで続いている。相手の欠点を知り、「やり方を一歩間違えれば自分を傷つける可能性もある人だ」と認識することによって、違う形で友人のままでいることができた。おそらくその友人は、自分がした嫌がらせについては自覚していないだろう、と彼女は言う。きっと無意識的な行動だったのだ。こうして彼女は、その友人と距離を置くことで、被害をこうむることなく友人関係を続けることができた。

◈賢い人たちは自分の〝背中〟をこうして守っている

あなたに幸運なことが起こり続けると、友人だと思っていた人ですら変なことをするようになることもあるので、自分の背中は自分で守る以外に道はない。先にも書いたように、彼らもあなたを本格的に傷つけようと思っているわけではないのだが、深く考えることなく妨害行為に出てしまうのである。誰かがそのような無分別な行動に出ようとしている時には、そのことをできる限り早く察知し、前述したようにあなたが気づいていることを相手に悟られないようにする必要がある。

賢い人たちは、自分の背中を守るためにどうしているだろうか。次にいくつか例を示してみよう。

◎自分の味方になってくれる人たちのネットワークを築く

その人たちは、あなたの友人であってもなくてもかまわない。彼らはさまざまな情報を伝えてくれる人たちであり、あなたのための〝見張り〟のようなものだ。だが、彼らから何かの情報を入手したとしても、深く考えずに直ちに行動に出るべきではない。なぜなら、その情報がどれほど正確なものかはわからないからだ。人は誰でも自分をよく見せたいために、話を多少脚色して伝える傾向がある。

「誰かがあなたを陥れようとしている」といった類の忠告には、特に注意しなければならない。あわてて行動せず、警戒は怠らないようにしつつも、そういう話は間違いではないかと一応疑ってみるようにする。その忠告をしてくれた人はなぜそういう言い方をしたのかと考えてみるといい。

◎相手がどんな人でも一度は信頼度をチェックする

人を試すというのはあまりいいことではないが、本当に信頼できる人とそうでない人を見極めるためにはやむを得ないという人もいる。実際、友人として最高の人間でも、人のゴシップや〝ここだけの話〟をすぐ漏らしてしまう人がいる。いくら悪気はなくても、それではあなたの戦力にはなり得ない。そういうことは、わかったうえでつきあったほうがいい。

ある人が教えてくれた方法は、あまり重要でない話をした時に「ここだけの話なので誰にも言わないように」と一言つけ加えておくというものだ。しばらくして、ほかの人がその話を知っていたら、その人が秘密を漏らしたということになる。

もう一つの方法として、あなたがすでに事実を詳しく知っていることをとぼけて聞いてみるのもいいそうだ。もしその人がはなはだしく大げさに言うようだったら、今後その人の話は多少割り引いて聞いたほうがいいということになる。

いずれにせよ、こういうことは友人を「合格」「不合格」のように決めつけるために行うのではないことをくれぐれも忘れないでほしい。その人がもたらす情報がどの程度正確なものか、その人にはどの程度のことをしゃべってもかまわないか、などを診断するための方法にすぎないのだから。

16

先が読める〝打たれ強い人〟になれ！

失敗を恐れるな。成功するためには失敗する必要があるんだ。今頂点に立っている人は、みな昔ひどい思いをした経験がある。

マイケル・ジョーダン（バスケットボール選手）

◈運をつかむ人の〝一時停止〟活用法

どんなに避けようと努力しても、悪いことは起きる時には起きる。どんな人であろうが、不運な出来事をゼロにするのは不可能だ。さまざまな出来事がランダムに行き交うこの世に生きている限り、いつかは自分にとってよくないことに出会ってしまうのは避けられない。

そこであなたにできることは、自分の身に起きる不運な出来事がそれほどひどいものではないことを祈り、できるだけ早く被害から抜け出すよう努力することだけだ。

偶然のものであれ、自分でつくり出したものであれ、私たちは一度不運に見舞われると、落ち込んで暗澹《あんたん》たる気分になる。ひどい時には、まるで自分が別人になってしまったように感じることすらある。その理由には、悲惨な状態がどれほど続くのか、さらに次の不運がやってくるのか、といったことがわからないことがあげられる。だが、不運な出来事を完全に避けることは不可能だとしても、うまく処理することでダメージを減らすことはできる。

不運に見舞われた時、運の強い人たちは、できる限りネガティブな印象を与えないような表現の仕方をする。つまり、直面しているのがどんな種類のトラブルであれ、彼らは周囲の人々の気持ちを和らげるようなイメージと見通しを与えようと努力するのだ。

そして、不運に出会っても、「目標に到達する途中で時々出会う一時停止」と考え、無理にでも「いい勉強のチャンス」と自分に言い聞かせることができる。あなたも「不運なことは起きるのが当然」と普段から思っていれば、実際に起きた時にも、壁に突き当たったように感じたり絶望的になったりしないですむ。

◈たとえば「話し方」一つでピンチは切り抜けられる

打ちのめされてから立ち上がるまでの期間は、受けたダメージと苦しみの程度によって変わってくるが、その時忘れがちなのは、「人は見ている」ということだ。中にはあなたの窮状を喜んでいる人もいるかもしれないが、あなたに味方してくれる人もいるということを忘れてはならない。彼らはあなたに声援を送り、立ち上がるのを待っている。だから、不運に見舞われている時こそ、自分の評価の存亡がかかっていると言える。そのような状態に置かれた自分をどう舵取りしていくかによって、人からの協力が得られるか、そのまま顧みられずに終わるかに分かれるのだ。

不運に強い人、つまり逆境に強い人というのは、不運が襲った時に行動するのが速い。彼らはまず、トラブルを自分だけの問題として解決しようとするが、例えば人に話す場合でも、話すことによって相手が離れていくのではなく、助けてくれるような話し方をする。あなたも、苦境に陥っていることを人に話す時は、不運に引きずられるのではなく立ち向かっていく人間であることを示すような話し方をしなければならない。なぜなら、そうすれば相手は、「少し助けてあげれば、あとは自分でやっていくだろう」と感じるからだ。

その反対に、「助けようとしたら、こっちまで災難が及びそうだ」と思われたら、誰も助けてはくれない。優しくしてくれる人にしがみつく傾向のある人は要注意だ。誰だって、「溺れそうな人を助けようとして自分まで溺れたらかなわない」と思うのが自然だ。

このように、不運に対してはどのような態度で対応するかということこそ、さらに不運を招くか、それともピンチを切り抜けることができるかを分けるカギとなるのである。

◈強運な人たちの「不運」対応術

「悪い出来事をポジティブに見せる」と言うと、人を欺くことのように聞こえるかもしれないが、そうではない。物事には、一つのことにもいろいろな側面があり、いろいろな表現の仕方がある。どのような「ものの見方」であろうが、いくつもある真実の中から、ある特定の側面から見た事実を取り出し、それに注目しているのにすぎないのだ。

嘘をついてはいけないが、事実の一部分を強調するのは悪いことではない。私たちは誰でも、痛みを鈍らせたり、強調したい点を強調するために、そういうことは無意識のうちに行っているのだ。同じことでもどのように見せるかによって、人々に事実を伝えつつ、かつあなたが望むような見方で見てもらうことができる。

私の知っている強運な人たちはどうやって不運をポジティブに見せているだろうか。そのいくつかを示してみよう。

◎悪い知らせを〝オブラート〟でつつまない

悪い知らせを伝える時、ほとんどの人は、実際よりも事態が悪く聞こえるような言い方をする。そうなってしまう理由の一つが、相手に与えるインパクトを和らげようとして、あまり重要でないことを先に言ったり、これから悪い知らせを伝えるが驚かないでほしいというような前口上を言ったりして、ストレートに用件を言わないためだ。だが実際には、そういう言い方をするとかえってインパクトが強くなってしまう。中にはインパクトを強くしたくてわざとそういう言い方をする人もいる。聞く側にとってみれば、むしろストレートに言ってもらったほうがいい。

◎もっと悪いケースと比較することで〝インパクト〟を弱める

悪い知らせは、さらにもっと悪いケースと比較して話すことによって、インパクトを弱めることができる場合がある。知人のミューチュアル・ファンド（株の投資信託）のセールスマンは、よくこの手を使っている。彼の会社の手数料より低い手数料でやっている会社はほかにもあるのだが、業界全体の平均がもっと高いことを先に言って、印象を弱めているのだ。

◎状況が悪い時こそ自分にも他人にも〝誠実〟になる

状況がよくない時には、普段にも増して自分や他人に誠実でなければならない。苦境を切り抜けるために嘘をつくくらいなら、知られたくないことを意図的に言わないようにしているほうがまだましだ。なぜなら、不思議なことに、嘘をついても真実はそのうちにわかってしまうものだからだ。

あなたは嘘をつき始めたが最後、幸運とは永遠に別れを告げてしまうということを覚えておいてほしい。嘘が許されたり、忘れてもらえるということはまずないのである。本当のことを言えばたいていの人は許してくれるが、不正直が受け入れられることは絶対にない。だから、たとえ自分にとって都合が悪いことでも、相手が求めている情報は与え、そのことは忘れて先に進むべきだ。

正直であることは、悪い状況の中であなたをよく見せるいちばんいい方法だ。なぜなら、その難しさは人にもわかるからだ。困難な時に正直でいることができれば、わかる人はわかってくれ、同情も得られ、あなたの態度は協力者を獲得することができるだろう。その逆に、嘘をついてごまかそうとしている限り、信用の置けないずるい人間だと思われ、結局は永久に信頼を失うだろう。

◎不平・愚痴で〝同情〟は得られない

不運に見舞われたからといって、不平不満や愚痴ばかり言っていれば、周囲の人まで嫌な気分になる。初めは同情してくれた人も、文句ばかり聞かされればそのうちに嫌になってくるのは自然の成り行きだ。頑張っている姿を見てこそ人は助けてくれるのだ。

◆打たれ強い自分をつくる決定的な方法とは

世の中には、どういうわけか悪いことばかり次々と起こる人がいる。そういう人は、ダメージから回復するために苦しみもがいてエネルギーのほとんどを使い果たし、ただひたすら苦しみが終わってくれることを願っている。だが、彼らは無意識のうちに、一つの不運が去っても次の不運がまたいつか襲ってくると信じているのだ。

一方、強運な人というのは、不運な出来事が起きた時に、それを大げさに受け止めるのではなく、むしろ小さく考えることのできる人だ。彼らはそうでない人に比べて、自分に対して大胆で勇ましいイメージを持っている。苦しい時や落胆することが起きた時に、再びやる気を起こして前進し、自分を守るための強い自意識をつくり出すことができるのは、この強い自己像があるためだ。

この自己像が強く明確で、心の中に自分が成功する姿を描く力が強い人ほど、困難を乗り越えて挫折から抜け出すのが早く、したがって望みをかなえられる可能性が高い。心の力が人間に及ぼす影響というのは、驚くほど大きなものだ。強い自己像を持っている人ほど心を活性化することが容易で、その結果たくさんの機会を呼び寄せることができるのである。

自己像を改善するには、自己暗示が効果がある。問題を解決している自分の姿、困難を切り抜けていく自分の姿、成功している自分の姿、などをビジュアライズする練習を毎日するといい。幸福は一生をかけて追求するものであり、人間にとっていちばん大切なものだ。「私はそれを手に入れる権利がある」と考えることだ。

◈「災いを転じて福となす」格好の見本例

逆説的に聞こえるかもしれないが、「不運を体験することが、しばしば後の幸運を導く」というのは事実だ。人間は、不運を体験し、苦難の時を通り抜けることで内面の強さが育ち、粘り強さが生まれる。そして、問題解決のための道を否が応でも切り開かざるを得なくなる。だが、苦難をそのように見られるようになるには、まず初めに「挫折や失敗は人生の障害となるので、あってはならない」という考えを改める必要がある。人生とは、そんなふうに機能するものではない。

というのは、もしそのように考えていると、悪いことが起きた時の精神的な打撃と消耗が非常に大きくなってしまうからだ。もし、「人生に不運はつきものだ。あっても不思議はない」と日頃から考えていれば、実際に困難に直面してもたじろぐことはない。どん底に突き落とされたような気分になったり、パニックに陥ることなく、問題解決の方法に着手できる。不運の暗闇の中で解決の糸口を見つけることができるかどうかは、この心構えいかんにかかっている。

私は成功者と言われる人をたくさん知っているが、その中には驚異的に強運な人も何人かいる。彼らはすべて例外なく、非常に大きな挫折を体験しながらも復活した人たちだ。彼らには、いくつかの共通している点がある。

まず彼らは「悲惨な挫折も永遠に続くことはない」と信じることができ、次に、不運な目にあっても恥じることがない。敗北者と言われようが、バカと思われようが、他人がどう思っているかなどまったく気にしない人さえいる。

実は、これがますますいい結果を呼ぶ。そのように平気な顔をしていられる強さが人を感心させ、協力者が現れるからだ。多くの人が〝不運〟と呼んでいるのは、不運な出来事そのものではなく、人から拒否されて傷ついた自分の〝心〟のことにすぎないと彼らは知っているのである。

残念ながら、そのような建設的な考え方のできる人は多くない。それは、不運に見舞われた時に「災いを転じて福となす」技術に欠けているためである。

例えば、一度人間としての価値を否定されれば、たちまちどん底に突き落とされるほどの打撃を受けて、もう立ち直ることができない。一度悪夢を体験すれば、楽しかった出来事の記憶よりも鮮やかに頭に焼き付いてしまい、もう消し去ることができない。たまには夢を描くことがあっても、普段は悪いことが起きることばかり想像している。内心では才能があると思っていても、それが世に認められるような奇跡が本当に起きるとは信じられない……。

そういう人は、立ち直りがたい大きな打撃をこうむった時、その「災い」を「転じて福となす」ことはできないと信じてしまう。そういうことが可能な「災い」は、誰かほかの人には起きるかもしれないが、少なくとも自分に起きた「災い」は違うというわけだ。

◈断言する、「いいことが起きるには準備が必要、悪いことが起きるには原因がある！」

私は「運」と「不運」というテーマについて長年研究してきたが、最近、「不運なことが起きるのには理由がある」という結論に到達した。私自身、これまで落胆も、人から拒否されたことも、人生の辛酸はさんざん味わってきた。だが、そこで私が発見したのは、望みが断たれるたびに、そのあとで素晴らしいことが起きているという事実だった。

ある時、私はワシントンの『USニュース・アンド・ワールド・レポート』で評論を書く仕事を得ようと、面接を受けたことがある。そこの編集局長が以前ニューヨーク・タイムズにいたことがあって、私はその人のもとで働いたことがあり、彼が編集長との面接をセッティングしてくれたのだ。ところが私は、愚かにも面接の数時間前にアレルギー治療用の抗ヒスタミン剤を飲んでしまった。面接中、頭がもうろうとして質問にろくに答えられず、結局私は不採用になってしまった。だがそのおかげで、ワシントンに引っ越さずにニューヨークにとどまったので、現在の妻となる人と出会えたのだ。

それからしばらくして、今度はニューヨークのメジャー放送局から声がかかり、代表取締役と面接する機会が訪れた。そこで私は、その日のために入念な準備を整えた。ところが面接の当日、私は会社の所在地を十分確かめるのを怠るという、一生であとにも先にもない大失敗をしてしまった。なんと、その会社は本社ビルがマンハッタンに二カ所あったのである。

私は指定されたのとは違うほうのビルに行ってしまい、そこに着いて初めて間違いに気がついた。約束の時間まではあと五分しかなく、もう一つのビルは三キロも離れていた。私は全力で走ってタクシーをつかまえ、事情に同情してくれた運転手は混雑するミッドタウンを猛スピードで飛ばしてくれた。

結局、私は十分遅刻して到着したが、初夏の暑い日のことで、スーツもシャツもズボンも汗でぐっしょりとなり、家を出る時にはきちんととかしてあった髪もグシャグシャになっていた。

代表取締役はそれでも面接を行ってくれたが、私はすでに精神的に敗北していた。心が動揺していたため、質問にうろたえ、言い訳をしてしまい、その結果はやはり不採用だった。私は自分の間抜けぶりを呪い、落ち込んだ。

だが、その一カ月後、会社を変わらなくてよかったということが判明した。私は昇進し、その会社に移っていたら就いていたであろうポジションよりもいいポジションで仕事ができるようになったのだ。

さらにある時など、大手映画会社の重役から引き抜きの誘いを受け、食事をしながら話をしようと言われたことがあった。ところが指定のレストランに行って待っていたのに、待てど暮らせどその人は現れない。結局私はすっぽかされてしまったのだ。向こうのほうから誘ってきたのにもかかわらず……。

しばらくして、その人は私のかわりに私の友人を雇ったことがわかった。ところがその六カ月後、その重役は何かの理由でその会社を解雇されてしまい、同時に友人もクビになってしまった。その友人は今ではフリーランスになり、時々仕事をくれと言って私に電話してくる。

人生とは、このように意外な展開を見せるから面白い。実際、驚くようなことが起これば起こるほど、人生は楽しくなる。だから、〝悪いこと〟が起きるのも、それには理由があるに違いないと思うのだ。

私は落ち込む時にも、できる限りそれを利用して〝いいこと〟が見つかるようにと思っている。そして常にこの姿勢を保つために、どんなに不運な目にあっている時でも、「どこかに自分よりずっと運の悪い思いをしている人がいるのだ」と自分に言い聞かせることにしている。私はきっと、どんなに人生がつらく感じることがあっても、自分がどれほど幸運かを忘れることはないだろう。

「運《うん》をつかむ人《ひと》」16の習慣《しゅうかん》

著　者——マーク・マイヤーズ
訳　者——玉置　悟（たまき・さとる）
発行者——押鐘冨士雄
発行所——株式会社三笠書房
〒112-0004 東京都文京区後楽1-4-14
電話：(03)3814-1161（営業部）
：(03)3814-1181（編集部）
振替：00130-8-22096
http://www.mikasashobo.co.jp
印　刷——誠宏印刷
製　本——宮田製本

編集責任者　前原成寿
ISBN4-8379-5608-4 C0030